翔《と》ぶ夢、生きる力

俳優・石坂浩二自伝

石坂浩二

「翔ぶ夢、生きる力　俳優・石坂浩二自伝」目次

第二部　私のヒコーキ人生――125

全イラスト・下田信夫

一　愛すべき複葉機たち

二　空を旅する飛行機たち

装　幀・金井文平
表紙写真・桜井健雄

序文

役者にとっての「やすらぎの郷」

ドラマが問いかけるもの

私は「やすらぎの郷」（テレビ朝日系列）というドラマに主役として係わっていた。これまでの日本のドラマにはない、シルバー層のために企画されたもので、物語にはかつての大スターがきら星のごとく登場する。それぞれの人間模様や、彼らがかつて活躍した芸能界の裏話らしきものも垣間見えるが、その本質は、本格的な老齢社会を迎える日本の未来について、脚本をお書きになった倉本聰さんがどのように見たてているか、ということに尽きるだろう。

すでに一線を退いた世の多くの老人たちにとって、「やすらぎ」の本当の意味とは、いったい何なのだろうか。果たしてそれは寿命が尽きるその日まで、なにもせずに安穏と時をやり過ごすことなのだろうかと、このドラマは問うている。

「やすらぎの郷」とは、日本のテレビ界に功績のあった人たちが安心して余生を送るため創設された老人ホームである。大手芸能プロダクション「加納プロ」の総帥で、〝芸

「やすらぎの郷」のワンシーン

能界のドン〟とも呼ばれる加納英吉が、莫大な私財を拠出して海辺の広大な土地にこの施設を建設した。そこに入居できるのは、運営母体の「やすらぎ財団」が選抜した人だけで、資格を得たことは秘密裏に伝えられる。

施設で暮らすのはかつて一世を風靡《ふうび》した役者や歌手、あるいは私が演じる菊村栄《さかえ》のような脚本家など、テレビ局などの組織に属さず、生活の保障のなかったフリーランスの人たちである。そして、かつての栄光をよそに孤独な境遇にある者ばかりなのだ。

彼らが暮らすのは太平洋を一望する広大な芝地に点在するコテージである。家賃はかからず水道光熱費も財団が負担し、食事の支度や身のまわりの瑣末なこと一切は施設の職員やコンシェルジェが面倒をみてくれる。まさに「やすらぎ」という言葉にふさわしい至れり尽くせりの終《つい》の棲家《すみか》である。

だが、老いたりとはいえ、テレビ業界で功なり名を遂げた、いずれも強烈な個性を持つ人たちである。「やすらぎの郷」の名をよそに、悲喜こもごものドラマが次から次へと繰り広げられるのだ。そして物語はこの施設を作った加納の意思と、そこに至った心の秘密へと深まってゆく。

共演するのはかつて私の妻だった浅丘ルリ子さん、そしてこれもその昔一緒に暮らしたこともある加賀まりこさんという、私生活でも縁の深い女優さんたちのほか、今も86歳にして精力的な俳優活動を続けておられる八千草薫さん。そして私がＮＨＫの大河ドラマで初主演した「天と地と」で共演させていただいた有馬稲子さんなど、ずいぶん華やかなキャストである。後述するが、先日お亡くなりになった野際陽子さんとの共演は私にとって非常に思い出深いものとなった。

倉本脚本の魅力

私はこれまで月曜から金曜の帯ドラマに出演することは何度かあったが、それでもNHKの連ドラで100話くらい。ところが今回は130話もの長さである。しかも初めてテレビ朝日のプロデューサーから出演のオファーをいただいたとき、すでに倉本聰さんの脚本は全話分すべてできあがっていた。こんなことは初めてのことなので驚いたが、一読してこの物語に惹きつけられた。

登場人物はいずれも老人ばかりだから、彼らは一人また一人とこの世を去ってゆく。それも事件や事故によってではなく、寿命を全うして死んでゆくのだ。老人には残された時はわずかである。「やすらぎの郷」は、そうした差しせまった時間経過とともに、いくつかのテーマが紐解《ひもと》かれてゆくという、まったく今までにない新しい形のドラマだと思った。

親子や夫婦、友人やかつての恋人との関係、あるいは新しく入居してくる異性への尽きない興味、「遺産相続」という現実的な問題も出てくる。一線を退いて久しいが、彼らは決して欲望を捨てたわけではなく、施設にいながらあわよくばもう一度テレビで脚光を浴びたいという夢を抱き、現実と葛藤している。

元海軍の職業軍人だった加納を巡っては、「戦争と平和」という大きなテーマが語られるなど、このドラマの見どころは実に多彩なのである。

極上のやすらぎの時

倉本さんが作り上げた「やすらぎの郷」は、言ってみれば大人のおとぎ話のようなところだ。その登場人物たちを「俳優」や「歌手」、「脚本家」などにしたのは、やはり倉本さんが長年接してきて、その実態をよく知りぬいている人種だからだろう。だから芸能界が舞台として描かれることに、さほど大きな意味はないと私は思っている。

倉本さんは御自分のおっしゃりたいことを、私が演じる菊村栄のセリフに仮託している。ずいぶんおっちょこちょいに描かれているのは、たぶん謙遜しているからだろう。私も最初は倉本さん風に演じようかとも思ったが、いくら何でもこんな早とちりではないだろうし、いろんなアクシデントに巻き込まれたとしても、倉本さんだったらもう少し的確な判断をなさるに違いないとも思う。たぶん石坂浩二という人間を観察した結果でのことだろうから、私は「倉本聰」ではなく、まったく別の脚本家のつもりで菊村を演じている。

ドラマの終盤、倉本さんは菊村に次のような内容のセリフを語らせている。

「人は悲しくて涙を流すときも、そして嬉しくて笑うときも、誰かそばにいて欲しいんだよな」

やすらぎの郷の意味とは、まさにこのことではないだろうか。皆がゆったりとお金にも困らず、ボーッと、しかもばらばらに時を過ごすことではないのだ。次から次へと事件が起こるこの施設では、コテージでおとなしく閉じこもってなどいられない。時には仲違いして声を荒らげ気持ちをぶつけ合いながら、それでもコミュニティを維持して暮らしてゆくこと、そういうことなのだろうと思う。

長期にわたる「やすらぎ」とは、すなわちそれは「死」ということになってしまう。だがここは、ときおりホッとするという、本来の意味での「やすらぎ」である。題名とは裏腹に老人たちの喧噪に包まれたドラマではあるが、それは「やすらぎ」という言葉を逆手にとった実に巧妙なタイトルなのである。

さて、私にとっての「やすらぎ」とは何かと思ったとき、大好きな飛行機のプラモデル作りに熱中している時間と言いたいところだが、やはり役者の仕事をしているときが一番である。時にはつらい思いもするが、芝居という仕事をしているとき、それが私にとって極上の「やすらぎ」の時なのである。

本書の第一部では、そんな私がこれまで俳優として歩んできた道程を記しながら、数十年にわたって役者を生業とするなかで感じ得た、私なりの演技論とでもいうべきものについても述べてみることにしたい。

そして第二部は、私が心から愛する飛行機の世界への想いを述べさせていただく。それがたとえマニアックといわれても、私にとってヒコーキは特別な存在であり、それがあるからこそ張りのある役者生活を送ることができたのだと、そう感謝しているのだ。

様々な出来事の一杯詰まった私の76年の人生に、最後までお付き合いいただければ幸せである。

第一部

俳優までの道程《みちのり》

俳優・石坂浩二（76）の活躍は多岐にわたり、しかも常に第一線にいる。「天と地と」に始まりＮＨＫ大河ドラマの主演を３度務め、映画では「犬神家の一族」で金田一耕助シリーズを大ヒットさせた。さらに二科展は12年連続入選、絵本の翻訳や作詞をこなす多才ぶり。「ウルトラＱ」や「シルクロード」ではナレーターで存在感を示した。その後も「相棒」シリーズに出演し、またＢＳジャパン「開運なんでも鑑定団　極上お宝サロン」で司会も務めている。歩みを止めない石坂浩二が自ら半生を振り返る。

スポーツ報知連載コラム「終わりなき夢」を若干加筆修正した。
（２０１６年４月12日～５月６日初出）

一　石坂浩二の誕生

授業さぼってラジオの仕事

私が生まれたのは昭和16（1941）年6月、東京の銀座だった。芝居好きの祖母によく浅草に連れていってもらった。その頃の6区は幟旗《のぼりばた》が立ってにぎやかな中、いくらかお金を出せば後で写真を送るという街頭写真屋という商売もあった。エノケンさん（榎本健一）の舞台も見たが、落語の寄席が好きで夢中で見ていたものだ。浅草通いが、芝居や芸事に興味を持った理由かもしれない。

田園調布小学校から慶応普通部に進学すると、幼稚舎から来る連中の生意気さに驚いた。言うことが高尚で、ルネサンスとかレオナルド・ダ・ビンチとか初めて触れる言葉ばかり。演劇の話題になった時、エノケンの話をしたら「それは大衆演劇で、今の演劇は新劇だ」とバカにされ、私の知らない話をする背伸び連中が山ほどいる環境だった。1年の修学旅行で日光に行った時「即興で芝居をやろう」となり、落語の「寝

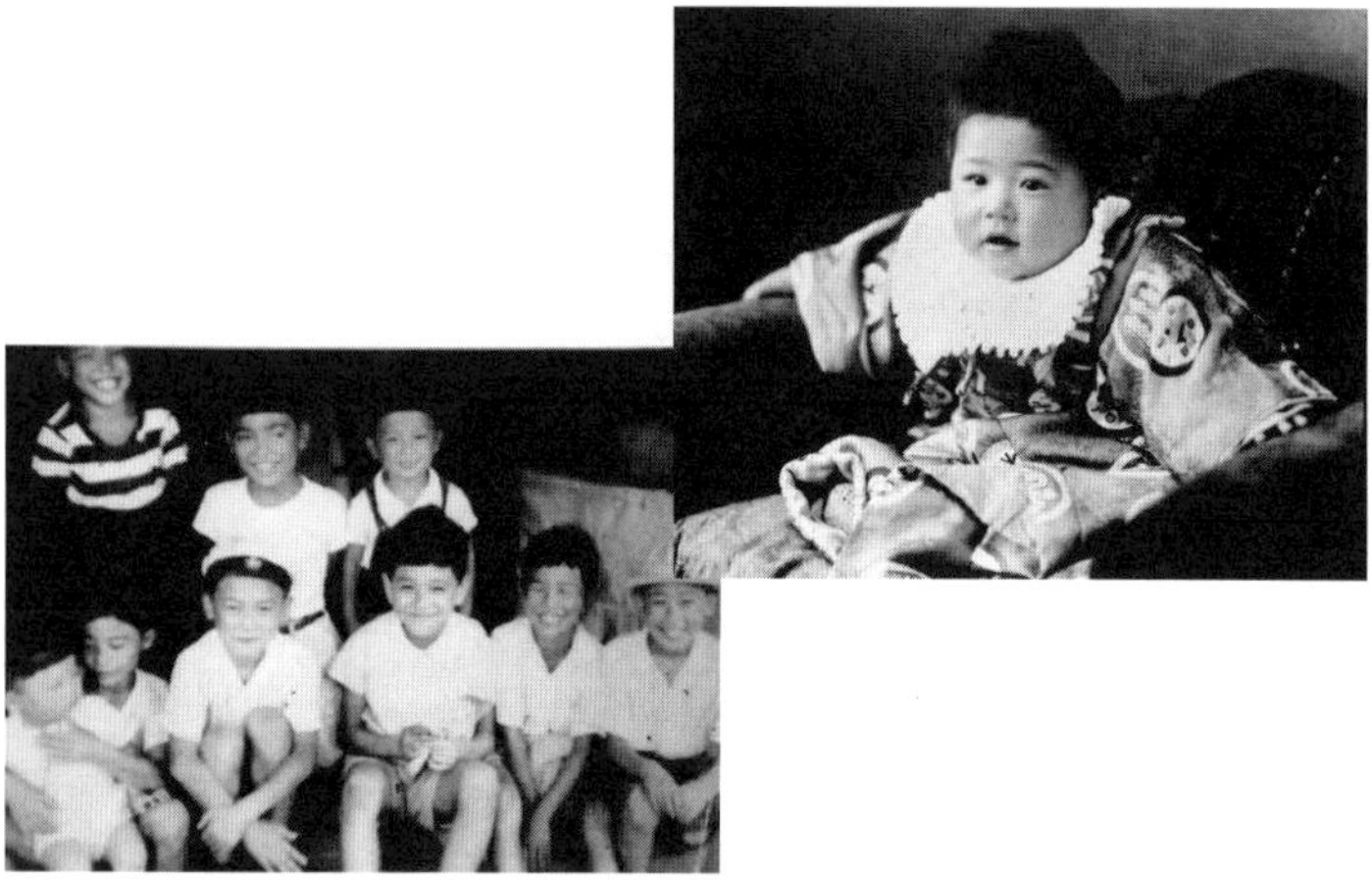

生後間もない頃と小学2年生の時に近所の友人と（前列右から3人目）

床」という演目を仲間で演じ、その流れが演劇部の立ち上げにつながった。それからずっと演劇との関わりが続くことになる。

高校の演劇部は豪華だった。３つ上の市川猿翁（喜熨斗《きのし》政彦）さんが、ご自宅からソファやテーブル、コーヒーメーカーなどを持ち込み、立派な部室に仕上げてくれていた。コーヒーを飲む人も少ない時代で「すごい人がいる」と思ったものだ。この頃はラジオ局の仕事もしており、授業をさぼっては、部室でバイト用の台本を書いていた。

ラジオは知り合いの日本短波放送の方に原稿を依頼されたのがきっかけで、番組が１か月２０００円という低予算だったからＤＪも自分でやった。実家が洋盤輸入をしている友人がいて、一晩だけレコードを借りて流したことも。そんな中で、中村メイコさんの夫、神津善行さんがラジオドラマの原盤を作る制作会社を立ち上げる。当時は映画会社の五社協定があり、俳優はテレビ出演はできないけど、ラジオはＯＫ。そこで番組を作っては地方局に売るという会社だ。４００円のギャラも渋谷～浅草の電車賃が20円の時代で、台本で得たバイト料は、電車賃やら外食で消えた。

大学に進学すると芥川比呂志さんらが設立した新劇研究会に入部。大学2年の時に「オセロ」をやることになり、舞台プロデューサーの吉田史子さんに衣装を借りに行った。出された条件は「貸す代わりに、部員の方は舞台のエキストラに出て下さい」。「安く借りられた」とみんな小躍りだった。後日、吉田さんから「『黒蜥蜴《くろとかげ》』をやるので、稽古から来て下さい」との連絡があり、ここから私の人生は一気にスピードアップしていく。

石井ふく子さんが名付け親

舞台「黒蜥蜴」には演劇部の先輩で、尊敬する芥川比呂志さんが明智小五郎役で出

慶応高校3年時の修学旅行

演していて、ご一緒できるだけで光栄だった。私の出番は2幕の東京タワーの見物人とトリで登場する刑事5人のうちの一人。2つの出番の間が空いていたので楽屋でプラモデルを作っていると、(怪人二十面相にさらわれるヒロイン役の) 大空眞弓さんが「あなたは慶応の学生なの」と声をかけてきた。そのうち「私もプラモデルを作りたい」と言い出し、次の日には大空さんとマネジャー、私の3人でキットを買いに行っていた。

私が指導役として大空さんの楽屋に引っ越すと、そこにテレビプロデューサーで有名だった石井ふく子さんが毎日顔を見せていた。紹介されるとすぐに「あなたは慶応で演劇をやっているの。じゃあセリフのある役をやってみたくない」と切り出し、私も「はい、もちろんやりたいです」。即答したものの公演後しばらく音沙汰なし。期待もしぼんでいたところに石井さんから「TBSにおいで」と電話が。そこで「『七人の刑事』（62年・TBS）って知っている？　それに出て」と出演が決定した。

すぐに演出の山田和也さんと稽古に入る。ドラマは頭から終わりまでノンストップで撮るので生放送と一緒。CMも同時収録でNGを出したらまた頭からだからプレッシャーもあった。高校時代にエキストラをやっていた頃は、同年代の役者を見ては生意気にも「何やってんだ、ヘタくそだな」と思っていたが、いざ稽古を始めたらこれが大変で……。自分の甘さを痛感したが、役作りや芝居のメリハリの重要さなど山田さんから教わったことは自分の糧になった。

「七人の―」の次に「潮騒」（62年・同）を演出する柴田馨《かおる》さんから、加賀まりこの相手役として声がかかる。やるとなった時、石井さんが「あなた、本名の武藤兵吉じゃダメよ。私がつけてあげる」。そこはもうお任せ。しばらくしてTBS近くのそば屋に呼び出されて「あなたの芸名はこれよ」と〝石坂浩二〟の名前を見せられた。石井さんは5つの候補を考えて、大空さんのお父さんに見てもらったところ、姓名判断の大家でもあるお父さんが「寝ていたら5つの名前のうちの一つが黄金に輝いていた」というのが石坂だった。候補にはみんな石井さんの〝石〟が入っていて「これで売れなきゃ、あんたが悪いんだから」とも。石井さんは私のことを石坂と呼んだことはあまりなく、坊やか兵ちゃんだった。出始めのころは（大河ドラマ「太閤記」で共演した）緒形拳さんからも坊やと呼ばれていた。

加賀まりこの唇がこんなに遠いとは……

昭和37年に〝石坂浩二〟として「潮騒」に主演。これは生放送で、録画したビデオを汽車で送り、翌日に大阪で放送するというスタイルだった。

当時のビデオは1本30万円と高価なので編集は利かない。値段を知ったのは偶然で「パパだまって」（63年、ＴＢＳ）で田村正和と共演した時に耳にした。一緒に（ヒロインの）中尾ミエの実家を訪れたシーンで、立ち上がるはずの正和が動かない。肘で合図したもののダメでカメラが下がったら、今度はあいつが立ち上がっちゃって……。なんとかごまかして撮影は終わった時、正和の女性マネジャーが飛んできて「あのシーンつまんでください」。「そんなことしたら30万円パーだよ」。そんな声にも彼女は「それでも結構です」と。妙にカッコ良かったので記憶に残っている。

「潮騒」は全4話。ヒロインの加賀まりこと初めてのキスシーンはロケだったが、相手の唇がこんなに遠いとは思わなかった。いけどもいけども唇まで到達しないという感じで、監督さんから「スーっと、ゆっくりね」というから、その通りやったら本当に遠くて。何度かテイクしたけど、一番ゆっくりとした撮りが採用されていた。監督は素朴な村の少年少女の話というイメージだったんでしょう。

このドラマでは私と加賀が裸になるシーンもあり、本番のスタジオ前には局員が見張りで立っていた。あの回は加賀のヌードシーンがあるから貴重だと思う。私がたき火を飛び越えてまりこと抱き合うんだけど、ぱっと抱きしめちゃうからあんまりは見られなかった。というより結構上がっていたから覚えていないのだ。でも現場のカメラマンとかは彼女のヌードを見ているはず。このビデオ、どっかにあると思うが……。

大学2年の時に「パパだまって」でロケが期末テストとぶつかり、その時に「やめよう、ちょっと休もう。留年しちゃおう」と決心した。そこから2年、大学を休学したので私は2年生を3回やっている。最初は学校に届けなかったが、休学願いを出すと学費の支払いが半額になるので2回目は届けた。このころは、自分がどこまでできるのか試したいという気持ちが強く、いわば就活気分。芸能界から内定がもらえるかどうかという気持ちだった。

当然、親父は怒って「大学卒業するまでの学費は払うが、4年分以上は払わんから自分で出せ」と。さらに休学の条件として大学卒業ときちんとした職業に就く、この2点を口にした。内心で「その条件なら大丈夫」という手応えがあったので「分かった」と応じて、芸能活動に本腰を入れ始めることになる。

「太閤記」実は時代劇が苦手

NHK大河ドラマ「太閤記」の打診を受けたのは昭和40年。すでに放送が始まってからで、プロデューサーが田園調布の自宅に来て「石田三成をやりませんか」と切り出した。私は直近で石井ふく子さんプロデュースの時代劇に出演し、そこでカツラが合わなくて大変な思いをしたので「もう時代劇には出たくない」と心に決めていたので断った。

それでも担当者は何度も家に来ては「これはある種の現代劇です。（秀吉役の）緒形拳さんも時代劇じゃないと言っています。カツラが合わなかったのは町人マゲだったから」と必死に口説く。家族からは「あなたの留守中にまた来てましたよ」とか言われ、熱心さにも打たれて出演を了承した。前年にドラマ「父と子たち」（64年・TBS）で共演した高橋幸治さんが織田信長役で出ていたので心強かったのもあった。後にプロデューサーが近くのNHK寮に住んでいることが分かった。「近いから何度も家に来ていたのか」——。相手の術中に乗せられていたらしい。

出演が決まった時に「必ず留年はしません。卒業します」と一筆書いた。当時のNHKは、学業をおろそかになると局の責任になるから学生の起用を見送っていたのだ。そこで演出の吉田直哉さんが上層部に掛け合って、一筆入れる条件で出演が実現。もちろん、大学は無事に卒業した。

時代劇にはアレルギーがあった。でも緒形さんが「普通に歩けばいいんだよ、着物も気にしなくていい」「お前も情けない顔だったけど、良くなっているだろ。1年間やっているうちに役に慣れてくる。その気になっていればいい」と、励ましてくれた。〝その気〟は本当に大事で、いい例がスタジオの馬。収録で周囲が出演者が「ははーっ」とやっていると、馬がこの人は偉い人なんだと認識して、その人以外だと暴れて乗せない。馬は人を見ているのだ。

緒形拳さんらに助けられ「太閤記」では高橋さんの人気に火が付き、女性視聴者から「殺さないで」という投書が多数あった。その結果、3回分くらい信長が生き延びることになったが、緒形さんは納得がいかない。「お前が死んでくれないと、いつまでたっても冷たい地べたに座っていないといけないし、俺だって床机《しょうぎ》に腰掛けたいよ」と。高橋さんも「俺だって早く死にたいけど、仕方がないだろう」ってこぼしていた。

緒形さんとは馬が合った。撮影後に「ぱっと飲みにいきましょうか」と誘うと、「おう、ちょっと家に寄って金持って来る」という感じ。部屋の畳を上げると1万円札が敷き詰めてあり2、3枚握っては飲みに行っていたものだ。高橋、緒形のお二方がいたから挫折せずやりきれたと思う。

舞台出演でアイドル化……加賀まりことの交際秘話

昭和41年に「泥棒たちの舞踏会」で初舞台を踏んだが、これは共演した加賀まりこから持ち込まれた話だった。「太閤記」の終盤頃に「〝泥棒―〟をやるんだけど、相手役はあなたがいいと思うの。(劇団四季の)浅利(慶太)さんが日生劇場にいるから会ってくれない」と電話があり、タクシーを飛ばして行くと「君は慶応で演劇部にいたの。こんなのやるんだけど、やってみる?」。あっという間に出演が決まった。

初舞台のプレッシャーはなかった。公演はヒットして追加公演も組まれたほどで、赤字続きの日生劇場にとっては久々の黒字公演だったそうだ。驚いたのは制服を着た女学生が客席を全部埋めていて、劇場の匂いもいつもと違っていた。加賀まりことくっつくと「ギャー、やめて」。悲鳴のたびに加賀が「本当にうるさいわね」って怒っていた。まだアイドルという言葉はなかったけど、私はそんな扱いを受け異常な雰囲気だった。

加賀とは舞台が終わってから交際を始め、けっこう長く付き合った。公演中から彼女は厳しくて、毎日ダメ出しの連続。舞台が八百屋（奥が高い傾斜のついた舞台）といって、平らの場所と違って傾斜がきつくてバランスがとれない。すると「なんでもっとカッコよくできないの」「はい、頑張ります」の繰り返し。それに彼女は「若いうちに本を読まなくちゃダメよ」と口酸っぱく言っていた。読書は好きだったけど、そのおかげでより本を読むようにはなったかも。ただ、彼女自身はそんなに本を読んでいたかな……。

ある時、女性誌「ヤングレディー」に追っかけられた。「太郎」（66年・NHK）の収録が終わり、僕が加賀とデートの場所に向かっていたら、知らない車がピタッと付いて来たので、予定を変更して一度自宅に戻った。携帯がない時代で、待ち合わせの

「潮騒」撮影の合間に加賀まりこと

店に電話を入れ彼女に事情を説明し、店を変えてデートをした。ちょっと不気味に思ったから、後でＮＨＫに相談したら「番組の取材でＯＫしたのに」とプロデューサーが雑誌社に抗議して、編集長がおわびに一席設けることで手打ちに。ちゃっかり加賀と２人でごちそうになった。

この頃は舞台が当たり、僕自身もアイドルっぽくなっていた。２人とも劇団四季に入所していたからマスコミから目を付けられたのだろう。交際はしていたけど、あまり周りの目は気にしていなかった。加賀とはけっこう会わなかった時期もあったり、お互い違う人と付き合ったりして、なんとなく終わった感じ。今ではいい友人。〝石坂浩二〟としてのデビュー作「潮騒」からの付き合いだから……。まぁ顔を合わせれば、彼女の方が長くしゃべることになる。

「ウルトラQ」で初挑戦 ナレーションの極意とは

初めてナレーターを務めた作品は「ウルトラQ」(66年、TBS)。特撮の先駆者・円谷英二さんの長男、円谷一《はじめ》さんがTBSにいて、東芝日曜劇場の演出などを手掛けていた。私は大学3年生で、この1年は学業に専念したいと思っていた時、円谷さんが「今度、特撮でテレビをやりたいけど、ナレーションやらない?」と。子供の時に見た「ゴジラ」にショックを受け、それ以来、怪獣モノなど特撮は大好きで「テレビで特撮ですか。やります」と即答していた。

円谷さんは「スーパーの上はウルトラだから」としきりに言っていた。東京五輪の体操でウルトラCという言葉がはやり、撮影の時の〝CUE《キュー》出し〟と合わせて「ウルトラQ」が誕生する。第1回放送は〝マンモスフラワー〟の予定だったが、肝心の特撮の部分が間に合わずに変更になった。私は特撮映像がいち早く見られるから引き受けたが、絵があったのは5本目ぐらいで後は台本だけ。作品は輸出ありきで制作していたから、アメリカから急に「大きなタコの怪獣を使ってくれ」とか注文が入ったりで、終盤は自転車操業になっていた。そんな状態だからいつ仕事が入るかも分からない。スケジュールが立たなくなり次作の「ウルトラマン」の途中で降りることになったのだ。

私がナレーションと本気で向き合ったのは「シルクロード」（80年、NHK）の時だ。それまでは声の役を演じる気持ちだったが「客観ってなんだろうか」と自問した結果、自分の感想を声として出さない方がいいと考えるようになった。プロデューサーとミキサーの方も凝り性で、映像に合う私の声を見つけるため、机の上に種類の違うマイクを5本立ててテストをした。音楽と違うキーでナレーションをやると聞きづらいことが分かり、映像と音楽があって最後に声を入れるスタイルになった。声が映像や音楽と一体となり、風のように終わるのが最高だろう。

自分の声を操れるようになったのは、ボイストレーニングのおかげだ。劇団四季に入所した時、浅利（慶太）さんから「二枚目は声が聞きやすくないとダメ」と言われ、2年ほど音域を下げるため個人レッスンを探しては通った。続けていると声にも短調や長調があることを知った。声を鍛えて自由に出せるようになったが、使い分けることで役者の道具というか武器が増えると思う。今、役者さんがボイストレーニングをしている話をあまり聞いたことがないが、この世界で長生きするためには、いろんなことをやっていた方がいい。「ウルトラQ」の時の私の声はまだ短調で高い。機会があれば注意して聞いてほしい。

◆ウルトラQ　「1966年1月からTBS系で放送された空想特撮シリーズの第1作目。最初は怪奇現象を扱っていたが、途中から怪獣路線に変わった。全28回放送され、平均視聴率は32・4%、最高は36・8%を記録。次作『ウルトラマン』への足がかりを作った」
◆NHK特集・シルクロード　「1980年4月から毎月1回放送されたドキュメンタリーシリーズ。外国メディアが中国領土内のシルクロード取材が認められた初めての番組。井上靖や司馬遼太郎らも現地でゲスト出演している。第2部（84年）まで放送され、音楽は喜多郎が担当した」

「劇団四季」での多忙な日々

「泥棒たちの舞踏会」に出演した後、浅利慶太さんから「ウチに入れ」とスカウトされ、卒業と同時に劇団四季に入所する。舞台でアイドル扱いされたものの、学生時代から台本を書いていたのでまだ物書きへの欲もあり、演出部に籍を置いた。四季の創設時は藤野節子さん始め、テレビの外国作品の吹き替え仕事が多く、顔を出すようになったのは影万里江さんのあたりからだったと思う。

四季での私の仕事は演出助手として、浅利さんがベストの演出ができるようにするのが役目だ。いつも事がスムーズに運ぶように考えることが要求される。例えば昼飯の注文。稽古場のある参宮橋に浅利さんの好みの料理があるのは3軒しかなくて、この日食べたいと思う食事を判断し、出前が届いたのを確認すると、稽古を止めて「昼休みにします」。このタイミングが実に難しい。再開後は浅利さんが気持ちよくなって寝ることもあるので、進行に合わせて台本のページをめくっておくのも仕事だ。それに灰皿を投げるのも多くて、取りにいく頃合いも難しかった。

「カラマゾフの兄弟」では本読みで5時間もかかり、浅利さんが「2時間半から3時間にまとめろ」と言われたこともある。それまで四季の台本の多くは、昔の本をそっくり写したものが大半で、調べてみると誤訳をしている部分も相当あった。ある作品では不明な部分を日仏文化協会や仏大使館に問い合わせ、大使館の方がわざわざ本国に伝えて確認までしてくれた。本当に感謝している。

劇団での生活は体力的に厳しかった。朝から昼までテレビ映画の撮影をこなし、それから稽古場で演出助手の仕事、夜にはまた現場に行く――。家に帰る時間がもったいないから局の衣装部の部屋で寝る日々だった。私の出演料は劇団に入るから経営的には大きな柱で、加賀まりこも同じようにフル稼働。長野の大町に四季の保養所があるが、浅利さんは「あそこはお前と加賀まりこのおかげだ。2人とも行かせられなくて悪いね」って言っていたほどだ。

ある時、浅利さんは新たに「黒蜥蜴《くろとかげ》」のプロデューサーだった吉田史子さんらをマネジャーに雇った。彼女らはとても仕事ができたので私のテレビ出演は激増する。体は悲鳴を上げ、ついには「平四郎危機一発」（67年、TBS）の出演中に倒れ、虎ノ門病院で診察を受け胃潰瘍と診断された。この病気を境に四季をやめる決心をする。吉田さんに相談したら、加賀も同じ思いでいたようで「じゃあ一緒にやめよう」と四季を退団。浅利さんはやめる時「金を出してでも、演出助手としてずっと雇いたかった」と言っていた。

◆劇団四季　「1953年に慶応大、東大の学生が中心となって設立。創立メンバーに元代表の浅利慶太、俳優の日下武史らがいる。主にフランス文学作品を上演していたが、日本テレビ系『ジャングル・ジム』の吹き替えに劇団として参加する。60年には法人化し、日生劇場の開設と運営に携わる。71年に越路吹雪のミュージカルをヒットさせ、79年に『コーラスライン』の成功を機に『CATS』『ライオンキング』『アイーダ』など海外ミュージカル作品の輸入上演で観客動員を拡大させた。現在、常設劇場は8館を数えている」

子供を飽きさせぬコツは

劇団四季にいた時、「王子とこじき」の台本を手掛けた。今でも上演されていて、基本的な構成は変わっていない。子供ミュージカルの最初は「はだかの王様」で、その後「王様の耳はロバの耳」「イワンのばか」と続いた。イワンの兄弟が〝茶碗《わん》にお椀〟というように、あまりに子供向けの内容で、その辺りは浅利さんも気づいていて「大人が楽しめるものでないと、子供も楽しめない。お前が新しいのを作れ」。

私も興味があった。子供は正直で簡単な演出だと飽きて劇場を走り回るが、歌や照明が美しいとじっと見る。そこで考えた。王子が馬に乗ろうと必死で走るシーン――。馬がパカパカと走る後ろで、大きな回転台でぐるぐる回す紙芝居を作っておくと、本当に走っているようになる。この仕掛けを丸ごと見せたり、照明で夜や月を演出したりすると、子供たちは目を凝らしていた。

このミュージカルはNHK教育テレビが放送してくれた。NHKは不思議な局で、ニュース番組の素材は残しておくけど、昔のドラマのビデオは残っていない。なぜかこの舞台のビデオは一部ではあるが奇跡的に残っていた。教育テレビとは縁があり、若い頃から子供向けドラマの台本や海外作品の翻訳に携っている。最近では放送中の「シャキーン!」(NHK Eテレ)の一つのコーナーでナレーションで参加していた。

絵本の翻訳は74年に二科展に初めて入選したのがきっかけだ。初入選組に日航の社員がいて、そのお姉さんがブライアン・ワイルドスミスという絵本画家と知り合いだった。彼女が原画を買い取って伊豆高原に美術館をつくり、私がそこの館長の依頼を受けたのだ。美術館に来た人がお土産で絵本を買えるようにと思い、翻訳に取り組んだ。

演出部の部屋で台本を執筆中

「マザーグース」はその一冊で、日本では谷川俊太郎さんらが完本を出版している。どれも英語の韻を踏むような訳にこだわっていたが、日本で韻を踏むのは漢詩だけで、私はそれを捨てた。ほとんどの本が昔の訳を踏襲していて、私が一番疑問に思った訳は「ジョンはピッグを盗んで逃げた、そして、ピッグを食べた」――という一節だ。どう考えても少年が横丁で豚を食べないだろうし、英国はローストビーフで豚を食べるイメージはない。英大使館に問い合わせたところ「本国に確認する」。2週間後に大使館に出向くと「ピッグは18~19世紀、ロンドンで売られていた人気のビスケット」と説明を受けた。やはり豚ではなかった。でもスミス先生の絵は豚だ……。考えた末、ビスケットではなく豚まんと訳すことにした。一度、英文学者がしっかり調べた「マザーグース」の本を読みたいと思う。

菊田一夫先生の誘いで帝劇へ

四季を退団してすぐ、東宝の重役で演劇界の大御所の菊田一夫先生とお会いした。すると「劇団をやめて、君はもう舞台をやめたのか」と。「いや、やめたワケではありません」というと「では帝国劇場に出てほしい」と出演依頼が……。私にとって先生はラジオドラマ「君の名は」の作家というイメージが強く、舞台を作っていたのをすぐには思い出せなかった。先生は「帝劇は丸の内に近いから、会社勤めの女の子のために世界文学全集をやりたい。舞台を見れば1冊の本を読んだ気持ちになれる。原作のいい部分を書いて舞台化したい」と熱心に語っていた。

しばらくたって宝塚歌劇団のトップだった那智わたるさんの退団が発表される。先生は退団前から彼女の舞台を構想して、時期を見計らっていたようだ。「石坂君、彼女の女優一発目の相手になってくれよ」といって実現したのが「マノン・レスコオ」だった。

那智さんはちょっと悪っぽい雰囲気があり、今までの宝塚にはいないタイプだった。とにかくカッコよくて、楽屋口の道に滑り込んでくる愛車に、ファンに手を上げながら乗り込んで去っていく――。車は真っ白のMGでスターのオーラが漂っていた。帝劇にも大挙ファンが押しかける。劇場前に人があふれ出し、楽屋口から出られないこともあった。その時、那智さんの親衛隊が「石坂さんは私たちが守りますから」。劇場の屋上から隣のビルの屋上を伝っては脱出を手助けしてくれたのだ。

先生から多くのことを教わった。まず「テレビから来た人がよくやるんだけど、うなずきや相づちはやめなさい」と言われた。「舞台で誰かがしゃべっている時は、お客はその人を見ているから、じゃまをするな」ということだ。さらに「舞台袖からの一歩目は客席から遠い方の足で出ること。そうすると、顔がちょっとでも客席に向く

菊田一夫と談笑する

だろう。引っ込む時も同じだよ」「はける時は一気にはけるか、ふっと止まるかのどちらか。そこで何かを語るようにしないとダメだよ。それができれば、お客さんは君の名前をちょっとは気にする」。全ては「舞台の袖の向こうに何があるか、お客さんに印象を残すことが大事」という教えだ。（劇団四季の）浅利さんはこっちから見せようという気構えに対して、先生はお客さんに見ていただくという姿勢のように思う。先生の話を聞いて舞台に立つと、客席が見えるようになったから不思議だ。

「マノンー」は連日満員御礼で、追加も4日8公演組まれた。終わってから先生に「東宝においで」と言われ、部屋をのぞくと「これ、プレゼント」と言って机の中から世界一周のチケットをポイッと。「どこでもいいから行っておいで」

◆菊田　一夫（きくた・かずお）「1908年3月1日、神奈川・横浜生まれ。73年没（享年65）。25年に萩原朔太郎らと出会い浅草国際劇場の文芸部に。33年に古川ロッパ旗揚げの劇団「笑の王国」の座付き作家になり、劇団が東宝所属になると東宝文芸部へ。作曲家の古関裕而とコンビを組み、数々のラジオドラマやテレビドラマなどを世に送り出した。中でもミュージカルは草分け的な存在といわれている。代表作はラジオドラマでは「君の名は」「鐘の鳴る丘」、舞台では「放浪記」「敦煌」など。55年に東宝の取締役に就任。演劇部の総帥として帝劇・宝塚の原作・脚本・演出を手掛け数々の名作を生んだ。その功績により75年から菊田一夫演劇賞が設けられた」

NY&ロンドン観劇旅行

菊田一夫先生から世界一周のチケットをいただき、まず向かったのはニューヨーク。東宝の支社がニューヨークとロンドンにあり舞台のチケットを取ってもらうことができた。1ドル360円の時代で持ち出せる上限が800ドル。闇ドルを購入して1000ドルぐらいになっていたが、仲間から「税関で捕まったら金は没収される」と聞かされ、荷物の方々にちらばせて持ち出した。

ニューヨークは最低限のホテルでも高かった。日本で予約できるのは、それなりのホテルで料金も高い。1泊は日本で取ったホテルに泊まり、後は安宿を探すという具合だ。オフブロードウェーまで足を延ばし「ラマンチャ」や「ヘアー」などを観劇。ロンドンに渡ってはローレンス・オリビエの舞台を始めストレートプレーを多く見た。

海外では舞台ビジネスの厳しさを目にする。劇場公演前に決まってプレビューをやっていたが、仮の配役で観劇料は5ドルぐらい。館内にはプロデューサーや演出家、音楽家や評論家たちがうろうろしている。別の日に見に行ったら全然違う配役で、役者を代えるとこうも変わるのかと感じた。あちらはオーディションに合格すると最低保障のギャラを受け取れる。稽古をこなしてプレビューがスタートするが、その後は関係者の意見が取り入れられ目まぐるしく配役も代わる。そして最終日に残った役者と本契約を結ぶのだ。

日本の役者は一見、恵まれているように見える。でも、米国のようにだんだんと研ぎ澄まされていく厳しさを教えることが次につながるし、結果的には親切なような気がする。海外は教師は数も豊富で、生徒が合格することが自分のキャリアにもなるから必死に教える。裾野の広さを感じた。

約2か月の一人旅から帰国。先生へのお土産は私が感動した舞台のプログラム。報告を兼ねてお渡ししたら「面白かったか」と目を細めていた。

私は再び先生の舞台に立った。「風と雲と砦」という時代物で、共演は中村吉右衛門さんに上月晃さんら。先生の作品でなければご一緒できない方々ばかりだ。ある時、先生は吉右衛門さんと私に向かって「君たち、そのまま宝塚に出ても通じるね」と。「はい、そうですか」と答えてみたものの、どう解釈していいか分からない。楽屋で吉右衛門さんに意味を尋ねたところ「俺たちがちょっと無国籍で、緩いということかな。宝塚って日本も外国の芝居も分け隔てなくやるからね」と。結局、2人とも「まぁ、カッコいいと受け取るようにしよう」ということにした。この舞台は宝塚を退団した上月さんの女優一発目の作品、やはり宝塚には縁があるのかもしれない。

◆中村吉右衛門に教わった幻の技　「吉右衛門さんが『ちょっと、キザなやり方があるよ』って教えてくれた所作がある。これから彼女に会いにいこうとする時に、脇差しをちょこっとだけ抜いて、刃を鏡代わりにして、唾を付けて髪を直す―。時間にしたら、あっという間で短い早いしぐさなんだけど、それがあるだけで艶っぽくなって見てる人の印象が変わるという。ああ、なるほどなと思ったけど、吉右衛門さんほどカッコよくはできない。結局は今まで一度も使っていない。舞台ではいろいろ勉強になることが多かった」

二　大河ドラマ、そして浅丘ルリ子

浪漫感じた大河「天と地と」

ＮＨＫ大河「天と地と」の主役を務めたのは昭和44年。後に「元禄太平記」（75年）、「草燃える」（79年）で主演するが、この時が初めての大役だ。「太閤記」以降は舞台に入っていて、時代劇をやりたい気持ちがしぼんでいた。それでも海音寺潮五郎先生の原作を読んでいたので、上杉謙信のイメージは自分の中でおぼろげにあった。題名から浪漫を感じたことも〝その気〟になった要因かもしれない。

大河初のカラー作品で、私も興味を持っていた。当時、普段はモノクロでも正月だけは豪華にカラー化する番組もあったほどで、そのぐらい貴重だった。撮影するのは大変で、とにかくカメラが重くて動かない。顔のアップを撮るために「お前が動けっ」という感じで、自分からカメラに近づいていったものだ。

「天と地と」の見どころの一つは合戦シーン。役が偉くなるにつれ、鎧（よろい）も重要文化財のようなモノが用意される。スタッフは「落馬したらどうしよう」と、私よりも鎧が心配な様子だった。兜（かぶと）を含め鎧は全体で三十何キロ。これは視聴者からの質問コーナーで実際に秤（はかり）に乗ったら、60キロちょっとの体重が100キロになったから覚えている。

鎧姿で馬にまたがるのは怖いし、乗り手の重量も増えるから馬も嫌がった。重心が上へ上へといくから、内ももでしっかり押さえないとひっくり返る。特に歩き始めと回る時に注意が必要だった。鎧は締めていてもずるずると落ちて肩はうっ血する。でも、やっているうちに体になじんでくるから不思議だ。昼食では最初のうちはゼーゼーいいながら鎧を外していたが、慣れると着けて食事もできるようになった。

敵役の武田信玄役を演じた高橋幸治さんと会ったのは、制作発表と川中島の決戦のロケぐらい。そういえば、ロケ先で私が司会をしていた「スター千一夜」（フジテレビ系）で2人が鎧姿で番組に出たこともあった。実は高橋さんは謙信の故郷、新潟・十日町出身。その十日町に私（上杉謙信）の銅像が作られた時、収録と重なって除幕式に参加できずに、スケジュールの空いていた高橋さんに「あなたの出身地なんだから」と代役をお願いしたこともあった。

高橋さんとの付き合いは古い。共演したCBC制作の「父と子たち」（64年）は、名古屋で1週間ほどの収録だったが、連日パチンコや夜の街に繰り出した。ある晩に飲んでいる時、「俺、仕事やめようと思うんだよ。劇団にいると先輩の運転手ばかりで役もつかない」と弱音を漏らした。この時は本当に心配しながら聞いていたが、しばらくして「太閤記」で高橋さんの織田信長役が発表される。人ごとながら「よかった〜」とつい言葉が出た。

チータと結ばれ〝結婚式〟

「天と地と」が当たると、時代劇のオファーが殺到する。テレビは一度当たると、それを続けたがる。私は型にはめられるのは嫌で、いろんな役がこなせる役者になりたかった。塞ぎ込んでいる時に石井ふく子さんから連絡があり、悩みを打ち明けると「その通りだと思う」。うなずきながら「今度ホームドラマをやるんだけど、出ない」と。さらに「外国の人はサンキューと言うでしょ、でも日本人はうん、あー、どうもで終わっちゃう。ちゃんと〝ありがとう〟と言わなくちゃ」。ドラマを通じて日本人が忘れている家族や隣近所付き合いを取り戻したいという意欲が伝わる。石井さんの中でタイトルは「ありがとう」（70年、ＴＢＳ）脚本は平岩弓枝さんと固まっていた。

これはチャンバラやっている場合じゃない。ところが大河からホームドラマは180度の畑違いで、最初は「もったいない」と随分言われた。まだ大河は7作品ほどで、主役の価値は今以上に重かったのかもしれない。でも大河ほどの重厚な時代劇はそうそうできない。どうせ〝何とか侍〟になるのがオチだと思い、石井さんに体を預けた。

（相手役の）チータ（水前寺清子）とは音楽番組で一緒に短いコメディーもやっている。気心も知っているし、個人的にも好きなタイプだ。ドラマには何かロマンスめいたものも必要だし、彼女ならば中性的で面白いものに仕上がると踏んでいた。いざ撮影が始まると「水前寺さんは稽古は出ません」と通達が。彼女は本格的な芝居は初めて。心配しながら撮影に入るとセリフを完璧に覚えているし、役にもスーッと入れているのには驚いた。後々本人に聞いたら、セットもなく扮装もしない所で芝居するのに抵抗があったらしい。やっぱり歌手の方は勘がいい。

「ありがとう」はお母さん役が山岡（久乃）さんじゃなかったら、失敗作で終わったと思う。チータがスタジオ入りすると「こっち、こっち」「はい、あいさつして」。どこからが芝居だか分からない。彼女も言われるままだったけど、そのうち「でもさあ」とか口ごたえをしたり本当の親子のようになっていた。

第2シリーズ（看護婦編）でチータと結ばれ結婚式までやった。（民放ドラマ最高56・

3％を記録した）視聴率はあまり気にもならなかったが、当時の朝日新聞は覚えている。「日本はもうダメだ。あのドラマで2人が結婚するかどうかで、日本人の半分が見ている。もう終わりだ」と書かれた。高視聴率は石井さんの狙いがよかったからだろう。「ありがとう」はシーズン4まであり、最後はチータの代わりに佐良直美さんが相手役を演じた。これはあまり知られていないみたいだ。

浅丘ルリ子のギャップに心揺れた

昭和46年5月に浅丘ルリ子さんと結婚する。私が29歳で彼女が1つ上の30歳だった。きっかけは直近で共演した「2丁目3番地」（日本テレビ）だが、私はそれまで彼女をあまり知らなかった。日活は後発の映画会社で石原裕次郎さんが出てきてから大きくなったせいか、まだ自由が丘に直営館がなくて、見ていたのは大映か東宝の作品ばかり。日活＝浅丘さんのイメージもなかったのだ。

初めて会ったのは加賀まりこの紹介だ。「あなた、（浅丘は）いい女優さんよ。一度会っておいた方がいい」という感じだった。加賀は「本を読め」とかアドバイス好きで、浅丘さんの芝居に対する気持ちを私に伝えたかったのかもしれない。その頃、彼女のレコードもはやっていて、歌手もしているんだという程度の認識だ。3人で食事をしたが、映画スターのオーラはテレビ役者とはやはり違うと感じた。芝居の話を熱っぽく語っていたと記憶している。

それ以来、彼女のテレビや舞台を注目するようになる。実際に見ると上手で、役者としてきっちり演じられる人だなと思った。それも感性だけでやっているのが彼女のすごみで、理論的なことを聞くと分からないし、そんなものは一切関係ない。台本を読んだ時の感覚だけで演じている、まさに天才肌の女優だ。秀才タイプは加賀さんの方で、ああ見えてかなりの勉強家だから。違うタイプのお二人だから友人としてずっと付き合っていけるのだろう。

それからすぐに「2丁目3番地」で共演が決まる。仕事は楽しかった。演出の石橋冠さんと（義理の母役の）森光子さんが中心になって、出演者で熱海に泊まりがけで旅行に行ったり、実にゆったりしていた。森さんはその後、結婚に当たっても陰になり日なたになり見守っていただいた。森さんと初めてご一緒したのは東映のテレビ映画「大奥」（68年、フジテレビ）。ちゃめっ気があってセットに入った時には「私たちテレビの人間は、真ん中を歩いちゃダメ、壁の所をそっと歩かないと。真ん中を歩くのは映画の人」。わざと壁に沿って歩いては周囲を和ませていた。「2丁目—」でまた一緒になった時もうれしかった。

熱海の旅行から帰って再び収録に入った時、あることに気づいた。浅丘さんが出演者がスタジオでつまめるようにと、ちょっとした総菜をこしらえて持ってきていたのだ。映画スターながら家庭的で細かく気がつく面を見せられ、激しいギャップに心が揺れた。食事に誘って、そこからはタンタンと事が進んだ。2人で最初に結婚を伝えたのは森さんだ。発表までかなり時間があったが心の中にしまってくださり、一切表に出ることもなかった。

◆浅丘　ルリ子（あさおか・るりこ）本名・浅井信子「1940年7月2日、満州国・新京（現中国・長春）生まれ。75歳。54年に中学在学中に映画『緑はるかに』のオーディションに応募し、3000人の中からヒロインに選ばれて翌年に銀幕デビュー。小林旭主演の『渡り鳥』シリーズや石原裕次郎のアクション映画でヒロインを務め日活の看板女優に。64年には『夕陽の丘』で歌手デビューしている。映画『男はつらいよ』シリーズでは最多の4回、最後の作品『寅次郎紅の花』でもマドンナ役を務めた。71年に石坂浩二と結婚し2000年に離婚。89年に東京都民栄誉賞、02年に紫綬褒章、11年に旭日小綬章を受章している。身長156センチ。血液型A」

求めてしまった仕事と家庭の両立

浅丘さんを初めて両親に紹介したのは空港だ。テレビで石坂家と浅丘家の家族が旅行をして、どこかで合流する企画だった。旅の途中、ばったりと浅丘さんと一緒になったから家族に「付き合っている人はこの方だから」と伝えたのだ。ただ、祖母は洋画が好きで父親は芸能に興味がなく、母は映画を見ない。大スターを前に、あまりよく分かっていなかったようだ。

結婚を抜いたのは芸能2誌。一つは「ヤングレディ」で、加賀まりことの件で手打ちをして以来、編集長と懇意になり「追っかけるのはやめてくれ、結婚する時には教えるから」と約束していた。もう1誌は浅丘さんの妹さんの旦那さんが勤めていた「週刊明星」。この結婚スクープが災いになり、他の芸能誌から恨まれることになる。事もあろうに結婚報道の出た週に「石坂浩二　水前寺清子と結婚か」。別の芸能誌は「吉永小百合と……」とやっていたから始末が悪い。その後に厳しい記事を書かれることにつながってしまったのだ。

挙式は赤坂の霊南坂教会で、披露宴は帝国ホテルだった。立会人は私の方は「天と地と」の原作者、海音寺潮五郎ご夫妻で先方は石原裕次郎さん夫妻。裕次郎さんが入

浅丘ルリ子と同席して離婚会見

院中で奥様のみが出席だった。森光子さんにはいろいろ相談に乗っていただいた。

2人とも役者を続けることは納得していたので、結婚後もそれなりに忙しかった。食事は作るのは私の方がうまかったけど、浅丘さんは総菜作りは上手だ。一緒に暮らして改めて感じたのは彼女の女優としての素晴らしさ。これまで菊田一夫先生を始め吉田直哉さんや浅利慶太さんらに教えを受けたが、みな演出家から見ての話だった。浅丘さんと話すと、なるほどと思うことが多い。彼女は若い時からスターになり、そこで生き残っていく試練を経ている。その中で工夫していたものがたくさんつまっているし、一緒の商売をやっている人間の話を聞いて納得することも多かった。縁がなくなった原因……。最終的に言えば、私が結婚当初、浅丘さんに仕事と家庭の両立はしなくていいと言っていたのに、両立してほしいと思ったことだろう。両親が90歳近くなり家庭、家族というものを痛切に感じるようになった。若くして家を出て、両親が遊びに来ても一緒に暮らせる構えの家でないから泊まることもできない。母が体をこわしたこともあり両親と暮らしたくなったのだ。その際、彼女は両親とは暮らせないという感じでいた。役者をやめないと言ったし、ずっと女優をやっていく才能もある。私もそれがいいと思った。結婚30年目の2000年12月に離婚会見を開く。けんか別れではないから同席して事情を説明したのだ。

ミスターのために描き上げた絵

石原裕次郎さんと初めてお会いしたのは「走れメロス」（65年、TBS）で兄弟役で共演した時で、慶応の後輩ということでかわいがっていただいた。一度、裕次郎さんがやっていた（市ケ谷の）レストランに招待されたことがある。全面がガラス張りで、当時としては相当カッコいい造りだったのでよく覚えている。

対談企画で石原裕次郎と

石原ご夫妻には浅丘さんとの結婚式で、立会人を務めていただいた。当時、裕次郎さんは体を壊して熱海の病院に入院中。式の前にあいさつに伺い、お礼を言うと「そんなものはたいしたことではない。いつでも遊びに来い」と。それで遊びに行くと「よし、街に行こう」と言い出す。「えーっ、大丈夫ですか」「この店だけはいいって先生から許可をもらってるんだ」。すでに居酒屋を貸し切っていて、アルコールもかなり入っていた。

裕次郎さんはビール好きだ。「走れメロス」の撮りに入る前、プロデューサーと撮影所にあいさつに行った。別格の役者さんはそれぞれの部屋を持っていて、スター部屋が集まっている建物がある。裕次郎さんはその上のクラスで部屋ではなく建物丸ごとだった。部屋には初めて見るバカでかい冷蔵庫があった。扉を引き上げるタイプで氷が詰まって中にビールがダーッと……。聞けば、撮影の合間に部屋に来ては、水代わりにビールを飲んでいたそうだ。

長嶋茂雄さんとは絵画を通じて知り合った。私が自由が丘で絵画展を開いた時、ご夫妻が訪ねてきたのだ。その後、私が司会をする「スター千一夜」にゲスト出演した時「監督就任のお祝いに何か差し上げたいのですが」と言ったところ「君、絵描くじゃない。展覧会に行ったら、女房が君の絵を気に入っちゃってね」。「じゃあ、監督のために描きます」

ところがである。完成して渡そうと思ったらチームは最下位（75年）で、状態は悪かった。渡していいものか悩み「絵ができたんですが、今の時期がどうでしょう」。後球団に相談すると「監督は気にしてませんから、渡していただいて大丈夫です」。後楽園球場に届けると監督は「覚えてくれてうれしいね」と感激してくれた。「柴田これ見ろ。土井も。いいだろう」とベンチの選手に次々と声をかけ、その中には王さんの姿もあった。

その後もミスターとの付き合いは続く。監督のご子息は私が卒園した田園調布の「小さき花の幼稚園」に通っていた。聖フランシスコ派の幼稚園であんまり浄財が集まらない。守る会を立ち上げた時、会長は長嶋さんで副会長を私が務めることになったのだ。

初の二科展出品で「嬉しい」入選

自由が丘の駅前に遠縁の画廊があり「展覧会をやりたい」と相談するとあっさりとOKが出て、1972年に初の個展が実現した。私はもっぱら裸婦専門で、描いた絵が画廊の主人と懇意だった（日本画壇の大御所）東郷青児先生の目に留まる。「素人がヌードとは珍しい。デフォルメするにしてもまずは基本ができてないとダメだ。しっかりデッサンをやった方がいい」。知り合いの先生を紹介してくれて「裸婦像を一生涯通した人は少ないから、ぜひおやりなさい」と激励された。

絵の歴史は疎開から始まる。疎開先の子供たちから〝街っ子〟とバカにされて遊んでもらえず、仕方なく家中で遊ぶしかなかった。世話になった家にたまたま画材があって4歳ごろには生意気にも絵を描いていた。戦後すぐは物不足で、クレヨンといっても色はあまり出ない。景気が上向いてクレパスがやっと出てきた時代だ。中学にな

二科展に入選、油彩展を開いた

ると絵の上手な同級生に出会い「自分もなんとかうまくなりたい」と、ライバル心が湧いて彼が教わっていた目黒の画塾に通ってみたが、長続きしなかった。興味が絵から舞台に移ってしまったのだ。それでも、絵をずっと描いていたことは舞台セットを製作する時には役に立った。

しばらく間が空き、絵を再開したのは結婚してから。それまでは水彩だったが、東郷先生から「油絵はやらないのかい。油絵を描いて二科展に出しなさい」と背中を押され、その気になった。二科展では水彩で入選するのは至難の業で、選ばれるためには油彩をやるしかない。水彩と全く違う技法を身につけるため、画匠の先生から基本的なことを教わった。油には透明度の違う絵の具があり、この違いで色を重ねて塗ると下地の色も生かすことができる。油彩の特徴が分かると、後は筆遣いの技術となるワケだ。

74年に二科展に初めて出品して入選。正直、うれしかった。二科展にはいくつかの賞があり入選はまだ入り口の賞だ。作品がより評価されると500円玉ぐらいの丸い〝賞〟というシールが貼られ、これを何度か取ると会友になれる。その上の会員になって初めて、大賞や文部大臣賞など大きな賞を狙えるのだ。85年まで12年連続で入選したが、私は会友までだった。工藤静香さんが絵を始めたころ、彼女の音楽ディレクターだった私の従兄弟(いとこ)から相談を持ちかけられたことがある。その時に「二科展に出した方がいい」とアドバイスしたが、彼女は今でも出品しているから大したものだ。

絵は毎日描いた方がいい。腕や指先の筋肉の記憶は3日間ぐらいで消える。スポーツ選手が毎日練習するのは、筋肉の記憶を消さないためだ。だから私は毎日ちょこちょこでも描く。これはプラモデルも同じことだ。

別次元だったエリザベス女王陛下

大河で2度目の主役は昭和50年の「元禄太平記」だ。プロデューサーの古賀龍二さんが「今までの大河は英雄的な人が主役になっていたが、歴史を見直すような人物を取り上げたい」。先輩の吉田直哉さんに打ち明けたところ「だったら石坂はどんな悪い役でもやるから」と、このひと言で決まったらしい。主人公は5代将軍・綱吉の側用人、柳沢吉保。歴史的には悪者扱いされているが、古賀さんから「いい奴（やつ）にはならないけど、赤穂浪士と絡めて柳沢の内面を面白く描きたい」と説明を受けた。

柳沢は映画「四十七人の刺客」を含め3度演じている。どんな役でもできる限り調べて撮影に入るようにしているが、結論として元禄はいい時代で綱吉は名君。これは間違いないし、支えた柳沢もそれなりの人物だ。綱吉の出した「生類憐《あわ》れみの令」は、よく悪法と描かれるが誤解だ。水戸光圀は自伝で「侍は腕試し、肝試しが必要」と浮浪者を殺《あや》めたことを残している。切り捨て御免の時代で、綱吉は世の中から斬った張ったをやめさせようとして御触れを出した。都合27回出されたが、最初は「旅籠《はたご》に泊まっている病人を捨てるな」「病気の子供を捨てるな」というもの。命を大事にすることが念頭にあったのだ。

撮影で印象に残っているのは、英エリザベス女王陛下が見学にお見えになったことだ。物陰ができないように、NHKから一切の自動販売機と観葉植物が撤去された。一行はまず副調室に入ったが、そこが面白かったらしく、なかなか現れない。106スタジオではすでに生中継が始まり、アナウンサーは「もうすぐです」と連呼して場をつなぐのに精いっぱい。報道陣も300、400人ほど集まっていた。

女王陛下がお見えになり一斉にシャッターが押されると、その音で台詞《せりふ》が全く聞こえなくなった。私と竹脇無我（柳沢兵庫役）がやり取りをしている前には、なぜか女優陣が打ち掛けで座って彩りを添えている。これは陛下にお見せするだけのパフォーマンスだった。

私たち出演者は女王にあいさつする中、夫のエジンバラ公はスタジオにある機器をあちこち触ったり、子供みたいに何にでも興味を示していた。その間、陛下はずっと立ったまま。目の色とまったく同じ青緑の衣装で、威厳というか迫力があった。これまで「スター千一夜」でアラン・ドロンやジャン・ギャバン、ソフィア・ローレンら大物に会っていた。それはそれですごかったが、陛下の存在はもう別次元でワケが違う。300年にわたり世界に君臨している歴史を直に感じられた貴重な体験だった。

これとは対照的にカメラマンや番組スタッフが全員が背広でネクタイ姿だったのには

笑った。

役者を成長させる大河

「元禄繚乱」(99年)では吉良上野介を演じた。柳沢吉保も悪者扱いされているが、吉良ほど曲解されている人物はいない。私は刃傷事件の原因は浅野内匠頭の病気だと思っている。事件後に彼を預かった一関藩・田村家に残る資料を見ると「恨みがあった」と言い続けるだけ。一方で「たばこをくれ」とか切腹前の最後の食事では、ご飯のおかわりを求めるなど常人とは思えない行動が多い。浅野は天皇勅使の供応役を2回務めているベテランで、段取りが分からずいじめに遭うはずがなく、話を面白くするため吉良が悪者に仕立てられたのだ。

脚本の中島丈博さんは「大河で本当のことをやったら視聴率は取れない。でも、何とかひと味変えるから」と意をくんでくれた。それが大石内蔵助に討たれるシーンで「本当は恨んでなんていないんだろ」という吉良のセリフにつながったと思う。ドラマではそれが精いっぱい。役者としては史実とドラマは別ものと、割り切って演じるしかない。心苦しさを感じた私は吉良を演じて以来毎年、命日の12月15日にお墓のある東中野・功運寺へのお参りをしている。

「草燃える」(79年)で源頼朝を演じたが、彼も調べて印象が変わった一人だ。頼朝は関東にやっと富がたまる時代に平清盛によって伊豆国に流されたが、「これを利用しない手はない」と北条氏が考える。頼朝も宮廷と北条に乗っかり天下を取るが、結局は根絶やしにされてしまった。実にかわいそうな人なのだ。

大河の主役を3回(出演は9作)務めたが、この番組は役者を成長させてくれる場と思う。昔は週5日拘束で稽古は2日間。セットができていた時はそこでやるから風景や間が分かって演技に生かせた。衣装やメイクのチェックも兼ねているが、一度だけ本番でひげを付け忘れたことがある。監督が放送前に気づくが「分かりゃしない」とスルー。一件も問い合わせはなかったが、稽古をしてもこんなことが起きるのだ。

NHKには民放にいない所作指導がいる。時代劇には決まり事が多く、座る時に袴《はかま》を膝裏で軽く折りバサっとしない。大紋の時はどこをつまんでどうやって着物を回すのか、蹴るような歩き方など……。勉強になることが多い。

先輩からの演技指導も伝統だ。私は「太閤記」で緒形拳さんにいろいろ教わったが、「元禄繚乱」では私が、息子役だったタッキー(滝沢秀明)とお付き合いした。2人だけ残った撮影で、座り方や所作など「こうするとカッコよく見えるよ」とか言ったが、これがすぐこなせるから歌手の方はやはり勘がいい。これも民放ではあまり見られない大河の良さ。若い人がもっと出て勉強する場になってほしい。

◆思い出に残るロケ「大河の他に『明治の群像シリーズ』(76年)では大久保利通や陸奥宗光などやったが、小村寿太郎を演じた『ポーツマスの旗』(81年)は印象に残っている。長期の米国ロケだったから日本食に飢え炊飯器を持ち込んで作っていた。人気があったのが私の作った白菜の塩漬け。大きなゴミ箱を2つ買って、1つに唐辛子と塩を振りかけた白菜を、もう一つの箱に水を入れ重石代わりに。白菜を置いてあった洗面所でゴソゴソと音が……。泥棒かと焦ってのぞいてみると、ある俳優が漬物をあさっていた」

モデラー歴70年の楽しみ方とは

プラモデルは船舶から戦車や飛行機、いろんなモノを作ってきたが、今は第2次大戦で活躍した欧州の飛行機を製作している。年に12機が限界だ。模型作りのキャリアは70年近くなるが、大学時に舞台の楽屋で大空眞弓さんと出会ったのもプラモデルを作っている最中だった。もし、模型をやっていなければ、今の自分はなかったかもしれない。

模型との出会いは小学生の頃で、木を削って作るソリッドモデルの作り方を近所のお兄さんに教わっていた。中学に進学して興味が文学や演劇にいってお休みしていたが、高校の時に百貨店で初めてプラモデルを目にしたのが転機だ。ビニールの袋に入っているキットを調べると、戦闘機の風防ガラスが透明ではないか。ソリッドで透明な部品は無理で、びっくりしたのと同時に昔の血が騒いだ、作ってみたい――。そのうちに（大手模型メーカーの）タミヤが戦車を発売する。戦車は自ら動く画期的な模型で早速作って動かすと、いろんな障害物を乗り越えていく姿に感激した。

昔から戦車や飛行機には興味があり、資料を取り寄せて勉強していた。実際に役に立ったのは朝鮮戦争などのニュース映像だ。当時、渋谷の東急文化会館（今の渋谷ヒカリエ）の1階にニュースシアターなる映画館があった。入場料10円で、毎日新聞や共同通信など内外のニュース映像を延々と流すだけだが、世界の動きがリアルタイムで見られるのでよく通っていた。本物を見ておくと作るときに役立つのだ。

模型作りには私なりの楽しみ方がある。まずキットを購入して中身を取り出して眺める。模型は本物を縮尺するからどこかを省略するしかない、それをどう工夫しているか。さらに細かくて再現できない部分や削除する箇所が出てくるので、その処理具合と組み立てにズレがでないようにする工夫をしているかのチェック。この確認作業で1週間ぐらい楽しめる。そして設計図通りに組み立てるのだが、自分の見立てたような内容になっているかを確かめながら仕上げていく。自分が気づかなかった部分に工夫があると「やるな」となることも。キット制作者と作り手の会話を楽しむのだ。

私のようなモデラーは意外に多い。09年に「ろうがんず」というプラモデル好きの集団を立ち上げた。2014年から私が50万円のポケットマネーを出して「ろうがんず杯」をスタートさせたが、年々参加者は増えている。毎年5月には静岡ツインメッセで「ホビーショー」が行われるが、私も毎回出品するため飛行機を製作している。

ちなみに好きな飛行機は〈1〉ハインケルHe219ウーフー〈2〉ドルニエDo335〈3〉スピットファイアーMK9C。

三　金田一シリーズとなんでも鑑定団

「犬神家」金田一役を一度断った

76年に市川崑監督に誘われて「犬神家の一族」に主演するが、最初は乗り気ではなかった。監督から電話で「金田一を知ってるか?」といわれ、頭に浮かんだのがダブルのスーツで2丁拳銃をぶっ放す、金田一を演じる片岡千恵蔵さんの映像で「ああいうのはあまり」と断った。子供のころ横溝正史よりは江戸川乱歩の艶っぽいところが好きだった。監督と会った時も2丁拳銃が頭から離れず「ちょっとできません」。一度は辞退したが「ワシは原作のようにやりたい。頭はぼさぼさで汚い格好だよ。ピストルなんぞ出てこん」と。そういうことならと出演を決めた。

角川映画の1作目で春樹さん始め私の起用は反対が多く、推していたのは監督だけ。横溝先生は旅館の主人役で出演していた。撮影当日、照明用の電源が火を噴き、私がその場にあったバケツを持って飛び出したら、先生が「石坂君、金田一はそれなんだよ。そそっかしい部分があるんだよ。ちょっと心配したけど君で安心した」と言ってくれた。先生ほど大らかな作家はいない。どんなに脚本を変えてもＯＫ。「獄門島」では犯人が原作と違うが「私も犯人を知らない」と自らＣＭに登場しているからすごい。

苦労したのは松子さん（高峰三枝子）に「あなたが犯人ですね」という場面。罪を犯さなきゃいけない松子さんへ哀れみだけではなく、冷酷さを残さなくちゃいけない。しかもどこか言いにくさを残しつつ……。悩んでいると、監督から咳をしたらどうかとアイデアをもらい、やってみるといい案配に流れた。監督は何台ものカメラで撮る黒澤明監督とは違い、１台のカメラでいろんな角度から何度も撮る。毎度同じことをやるが、このシーンは７回ほどで丸一日気を張ったままだった。

実は高峰さんは一度出演を断っている。人殺しの役が嫌だったが、監督が直々に口説いて出演に至った。青沼静馬を殺す撮影で現場の緊張は頂点に達する。常に監督のそばにいた私にも「現場に来なくていい」という。高峰さんが斧で頭をかち割る凄惨な場面だ。返り血は服にちょっとかかる段取りが大量の血糊が顔に……。監督が「カット」と言おうとした瞬間、高峰さんが再び斧を振り上げていた。２度目は血糊が目の中にまで飛んだ。監督は大満足。スタジオの前で気にしながら待っていると、高峰さんが「石坂ちゃん、やってきたわよ、人殺してきちゃったわよ」。まだ顔は真っ赤っか。翌日、監督が「高峰さんの芝居変わったよな」って。「そういえば明るくなりましたよね」「何か違うよ。大変だけど、今まで撮った彼女の所を全部撮り直すからよろしく」。それだけ映画の中ではポイントになったシーンでもあった。

◆市川　崑（いちかわ・こん）「1915年11月20日、三重・伊勢市生まれ。2008年2月13日没。享年92。48年に『花ひらく』で監督デビューし、56年の『ビルマの竪琴』で名監督の仲間入りを果たす。映画の他にも72年にはテレビ時代劇『木枯し紋次郎シリーズ』を手掛け、CMでは大原麗子を起用したサントリーレッドがシリーズ化された。昭和の日本映画黄金期から21世紀初頭まで、第一線で活躍。82年に紫綬褒章、94年には文化功労者に選出された。代表作は『おとうと』『野火』『東京オリンピック』『犬神家の一族』『細雪』など」

2人で作り上げた「もしゃもしゃ髪」

市川崑監督と初めて仕事をしたのは1975年、トヨタ「スターレット」のCMだと思っていた。でも「太陽のオリンピア」（69年）というメキシコ五輪映画の日本語版で市川監督が監修、私がナレーターで一緒だったらしい。2人とも全く記憶になかったが……。私と監督はトヨタのCMを結構長くやっていたが、終盤の方は監督が私のカットを撮ると「石坂ちゃん、後はよろしく」とコンテを置いて帰宅していた。私は残りのシーンを市川組のスタッフと撮っていたのだ。

なぜか監督は私に「一緒にいてくれ」といってはそばに置きたがった。たぶん、大監督だから周囲は気を使って何も言わない感じ。自分はCMからの付き合いで、ああ言えばこう言うというやつが珍しかったのかもしれない。監督が思い描く金田一耕助も2人で作り上げた。よれよれの着物で汚い格好、スズメの巣のような髪形。セル生地の着物はエキストラでも一番貧乏人が着る衣装だ。それを着て走ったらいきなり裂けたが、監督は「寝るときもあれでいい」。いたく気に入りシリーズ5作とも同じ衣装で、最後は裏打ちだらけになった。かばんは私が神戸の古物商で買ったもので、これは東宝に寄付をして後に金田一を演じた役者が使用している。

髪形は時間がかかった。「もう少しもしゃもしゃにしたい」という監督の要望に私も本気になる。毛を一度脱色してから黒に染め、そこにパーマをあててからパーマを取るとギシギシになった。監督は「そのスズメの頭いいね」と目を細めたが、傷め過ぎたせいか「悪魔の手毬唄」の後に髪が切れ始める。髪を守るために短く刈り上げたら、急きょ「獄門島」の撮影が決定し、仕方がなく前半はカツラで演じるはめになった。

監督の食事係も私の仕事だ。ある時、自分の昼食を控室で作っていたら「なんかうまそうだね」と気に入ってそれから専属コックに。監督は好き嫌いがすごくて、魚介類もダメなら野菜も口にしない。肉が好きで特に牛肉を好んだ。しかも焼き具合はかちかちのウェルダン。オムレツは食べるから健康のために野菜を食べてもらおうと牛肉と一緒にタマネギを混ぜたりするが、その具合が難しい。ちょっと野菜が多いと「なんだこれっ」となってしまうのだ。

リメイク版「犬神家の一族」制作発表で市川崑監督と

映画で金田一が当たると、テレビドラマ化の話が来た。あの格好は私が発明したワケでもなく監督と一緒に生み出したもので、市川監督が作品に絡まない以上、私が出演することは無理な話だ。1話分の台本を読ませてもらうと、金田一が行き詰まると逆立ちするシーンがあったが、何かピンと来るモノはなかった。テレビの金田一シリーズは一度も見たことがない。

「金田一耕助」は「菊田一耕助」だった⁉

「犬神家の一族」のリメイク版は前作から30年たっている。話を聞かされた時、正直いうと新作をやりたかったが、市川崑監督は「新しく本を書く」と言っていた。76年版でやり残したところがあるのかと思っていたが、1か月後に「カットする部分はあるが台本は昔のまま」と説明を受ける。撮っていて気づいたのは前回とカメラ位置が微妙に変わっていることだ。女優さんへの芝居の付け方も違うし、人格の違う人間を作ろうとしていた感じだった。

松子が高峰三枝子さんから富司純子さんに代わったが、やはりラストシーンは力が入った。前作は今の日本人が想像つかないお金持ちの遺産を巡って3人の娘が虎視たんたん、お金絡みが根底に流れている。新作は親子の関係が中心で、お金の部分は触れていないのが特徴だろう。私自身、前回は大きなものにぶつかっていく感じだったが、今回は抑えるような演技を意識した。富司さんにそっと寄り添うように「あなたが犯人ですね」と言うような感じ。父親的というか娘に「お前がやったことは分かるよ。君のお父さんがやったことだよ」という諭す間合いだった。

監督が一番変わったのはテレビモニターができて、あまり現場に姿を見せなくなったことだ。それまではカメラのそばにずっといて「この照明じゃ質感が出ない」「ツヤがない」と口を酸っぱくするほど言っていたのが懐かしい。リメイク版は次をやるためというか、自分の中で金田一の復習のために撮った気がする。撮り方もカメラ位置でも冒険的なことをして、大丈夫かなと思うこともあったが、仕上がりを見ると納得した。ただカメラ1台で何度も角度を変え、長いことしゃべらせるのは昔のままだった。

三谷幸喜さんは前回、横溝正史先生が演じた旅館主人で出演しているが、演技がすごく硬かった。廊下からスーっと出て「金田一さんですか」と声をかけるシーン――。監督が「真横に横滑りするように出てきて」と言ったら、カニの横歩きのように出てきた。「ダメ、スーっとだよ」と何テイクやったことか。監督が楽しんでいるからしょうがない。でも三谷さんの脚本家の才能は買っていた。監督に「いよいよ『本陣殺人事件』ですね」と聞いたら「いや、本陣はまだだ。三谷君にちょっと頼んでいるものがあるんだ」と。三谷さんは短編で金田一モノを書いたらしいが、監督が亡くなって原稿も焼却したと聞いた。

金田一耕助のモデルは誰か。監督が「病院坂の首縊りの家」の撮影中に横溝先生に聞いたことがある。その時「あれは菊田一夫だよ。〝菊田一〟じゃバレバレだから、菊を金にした」と打ち明けたそうだ。

冬支度の長野で灼熱のビルマ

映画「ビルマの竪琴」（85年）で中井（貴一）君と共演した。「太閤記」の収録時、お父さんの佐田啓二さんが主演するドラマ「虹の設計」を別のスタジオで撮っていてお邪魔したことがある。当時、私は「佐田の若い頃に似ている」と新聞に書かれ、佐田さんも記事を目にしていたようで「君なんだね。なんとなく似ているかも」と言われたのを覚えている。奥さまは松竹の大船撮影所の正門近くの喫茶店の娘さんだ。その頃、私は松竹と年5本の出演契約していたので、大船に行くと「あそこの喫茶店か」と思ったものだ。

市川崑監督は中井君を56年版で主演だった安井昌二さんとイメージを重ねていたようで「いい、いい」と目を細めていた。ただ、映画は敗戦前後が話で、太っていては敗残兵の悲壮感が出ないから「痩せなよ」と、しきりに言っていた。原作はビルマだがミャンマーと名前も変わり軍事政権になっていたから、タイでロケをすることになる。再び監督の食事担当は私の仕事に。大きなガスバーナーが用意されたが問題は食材で監督の好物、いい牛肉は現地で手に入らなかった。考えた揚げ句、取材に来る記者にお願いし肉をこっそり日本から持ち込んでもらったのだ。その記者さんらがバンコクの船上の海鮮料理店で夕食を取ったら全員〝大あたり〟し、十何人も入院したこともあった。私は大丈夫だったが現地ではおなかをやられた人が続出。ロケに入って1週間ほどたって貴一君も犠牲になっている。それほど過酷だった。

20日間のロケ予定を15日で切り上げ、残りは日本で撮影することになる。中井君演じる水島上等兵と我々が橋ですれ違う場面—。ちょうどいい木の橋が長野にあった。11月で周囲は冬支度だが設定は8月の灼熱（しゃくねつ）のビルマ。夏の兵服で震えているところに「汗をつけろ」と顔に水滴が……。中井君は薄い僧衣1枚だから相当きつかったと思う。ラッシュで映像を見たら、みんなの唇が真っ青で監督も「これって編集で色が付くよな」とちょっと焦っていたくらいだ。この作品で中井君も相当鍛えられたと思う。翌年「鹿鳴館」で親子役を演じた時にはもう役者という感じで、自信がついたのか声が通るようになっていた。

監督と私は市川と石坂のIを合わせて「ＩＩ（アイアイ）商事」なる親睦会をつく

っていた。映画賞などで得た不労所得のお金をプールしてはパーティーを開く会で、監督が「貴一ちゃんも入りなさいよ」と勧誘し、メンバー入りしていた。パーティーでは監督自らが買い出しした賞品の福引が目玉。1等がルイ・ヴィトンのバッグといった高級商品で最低が正露丸と決まっていた。監督はイベント好きで私らも楽しませてもらった。

コンサートも芝居も最初の5分

「3丁目4番地」（72年、日テレ）に出演する時、演出の石橋冠さんから「主題歌の作詞をお願いできないか」と持ち込まれた。作詞は子供のためのミュージカルや子供番組でも普通に書いていたのでお手のものだ。すでにメロディーはできていたので私が詞を上げるだけ、出来上がったのがビリー・バンバンの歌った「さよならをするために」だ。

当初はB面扱いだったが、番組終了して1か月ほどたって有線から火が付く。レコード会社から「〃さよなら〃をA面にしたいんですけど」との連絡が入った。断る理由もなくOKすると、前のレコードは回収になったそうだ。売れ方もすごくてオリコンで5週連続の1位になりトロフィーを頂いた記憶がある。ビリー・バンバンも最初は自分たちの作った曲がA面だから複雑な気持ちだったろう。

コンサートの演出も手掛けた。バーニングプロダクションの周防郁雄社長から「小泉今日子を知っていますか。ちょっと早いけど、コンサートやらせたいから演出をしてほしい」と依頼を受ける。彼女は82年にデビューしてまだ1年しかたっていない。曲数が全然足りないので「どういう曲を歌いたい」と聞くと、外国曲の日本語カバーを希望したので何曲か訳詞した。彼女に会った時、一目でこれはいい舞台になると直感した。トークを交えた台本を書いて稽古に入ったが、いつも疲れ気味でマネジャーには内緒で寝てもらっていた。いよいよ最終稽古ではトークもきっちり頭に入って完璧。センスは抜群だ。

ライブではステージ中央に樹を立てて裏に小さい部屋を作った。彼女がそこに入って男とダンスしながら出てきたり、ラブシーンを演じたり――。彼女の背丈に合わせた影武者なんだけど、ファンが「やめろ」とうめく中、本物の彼女がすました顔で登場すると会場があっけに取られる。「ほれ見ろ、引っかかったろう」とうれしそうな顔をする。おちゃめなのだ。

郷ひろみさんのディナーショーの話もいただいた。場所は高輪プリンスの飛天、一番凝ったのはオープニングだ。閉じた巨大な白い本が開演と同時に開いていくと、郷さんが真っ白なページを突き破って出てくる―という仕掛けだ。彼が自分にインタビューするコーナーも入れた。聖子ちゃんと交際が取り沙汰された頃で「結婚はどうなんだい」とか際どい質問にも尺をピッタリ合わせ、しかもファンを満足させることを言う。やっぱり歌手の方は勘がいい。

コンサートも芝居も基本的には一緒で、最初の5分が勝負だと思う。そこでお客さんを驚かせるか慌てさせるか。菊田一夫先生も常々おっしゃっていた。「頭の5分でお客を取り込めなかったら、やばいよ」

巨泉、たけしと「HOWマッチ」

「世界まるごとHOWマッチ」(83年、TBS)への出演は(大橋)巨泉さんからラブコールを受けてのものだ。制作会社「イースト」を設立した元TBSの東修さんから「値段を当てる番組をやりたいんだが、巨泉さんが石坂さんとビートたけしが出ないとやらないと言っている」と聞かされていた。実は東さんとは「―HOWマッチ」の前にテレビショッピングの番組を3本ぐらいやっている。数億円の船やイタリアの高級毛皮といった高価で珍しい商品を集めた番組だった。「文化とかは難しいけど金額は一番分かりやすい」という考えがあり、それが新番組につながったのだろう。

私の役目は出題される国の解説をすることだ。巨泉さんはハワイには詳しいが、意外と行った国が少なくてアフリカや欧州になると厳しかった。隣の席のたけちゃんが間違ったことを言うと私が「それ違うよ」とささやく。すると「ちょっと待って」と、たけちゃんが巨泉さんに食いつく。この掛け合いが番組の〝売り〟にもなっていた。

3人でよくゴルフをやったし、オーストラリアでは一緒に別荘も購入した。私の隣が巨泉さんでその隣がたけちゃん。豪州に行くと誰かいて一緒に遊ぶという感じだった。

巨泉さんは個人主義の人だ。親しくなると冷たい印象を持つ人もいるかもしれないが、ぐちゅぐちゅ言わないのがいい。彼の好奇心は相当なものだ。絵の話題になった時に馬を描かせたら馬になっていなかった。「一番大事なのはまず絵を見ることです」とアドバイスしたら、そこからすごい勢いで絵画の勉強を始めた。この時巨泉さんは60歳ぐらい。一緒に欧州の美術館巡りに出かけたこともある。私が「今回はこれを見たい」というと、その周辺の教会とかを調べ上げて効率的な行程を組んでくれる。明朝何時に朝食、12時に昼食を食べて昼寝。移動はこの列車で宿泊先は○○ホテルといった具合だ。このマメさにはちょっと驚いた。美術本を購入しては重い本を奥さんに持たせるから、かわいそうで途中から私も手伝っていたものだ。短期間に絵画を学んで5冊ぐらい美術本を出版しているのだから敬服する。市川崑監督も好奇心が強かったが、そんな人に巡り合うのが私の運命なのかもしれない。

劇団旗揚げニュージーランドで公演

私は自前の劇団などで15本ほど芝居をやっていて、30歳ぐらいの頃から自らの劇場を持ちたいとずっと機会を探っていた。小さい劇団は上演できる劇場を探すのが大変で、手頃の値段だと使い勝手や設備が悪かったりする。いつも決まった劇場で上演できれば、舞台の間尺や人の流れも分かるから演出、芝居ともやりやすい。小劇団にも安く貸せたらという思いもあった。

バブル全盛期、私が37、8歳の時に都心にマンションなど何棟も建てる人が現れる。この方とは新宿で一緒に飲む仲になり「私は芝居は知らないが応援する」と意気投合。新宿に建てるビルの一部を劇場にする—。家賃はなしで実費だけ払うという約束で話はトントン拍子に進んだ。だが、しばらくすると先方が家賃を取ると言い出す。それでは劇場を安く貸し出しはできないから話はご破算になった。ショックだった。約束してくれた人も相当だまされたようで、バブル期はいろんな人間が蠢《うごめ》いていたのだ。

劇場は頓挫したが劇団への思い入れは変わらず、88年に「劇団急旋回」を旗揚げした。研究生応募に100人ほど希望者が集まったが、彼らに演劇界の実像を聞いてぞっとする。いろんな人や団体がミュージカル学校や演劇教室を設立、運営していたが、教材費や授業料を一括前払いは当たり前で30、40万円ほど納めると3か月後には倒産する繰り返しだ。私は研究生から1円も取らなかった。これに講師の先生方が燃えて「あんたたち、どれだけ恵まれているのか分かっているの」といつも言ってくれていた。

劇団は90年にニュージーランドのクライストチャーチで公演した。それまで友好行事に登場するのは太鼓や日本舞踊がメインで、これだけでは日本が誤解されると思い、ミュージカルを持って乗り込んだ。輸送費や宿泊費を持つスポンサーがいる約束だったがいつの間にか雲散霧消……。結局は4500万円くらい持ち出しになった。思い出に残っているのは小学生や中学生を招待した時だ。日本から持ち込んだ重量300キロのレーザー光線が威力を発揮した。スモークをたいて光線を当てると、幻想的空間が広がり、初めて目の当たりにした子供たちが目をキラキラさせていた。苦労はあったがやってよかった。

一度、（ビート）たけしさんに公演パンフレットにコメントをお願いしたら、「石坂さんの演劇熱は病気だから」と書いていた。しばらくたってたけちゃんに会った時「あなたの病気は映画でしょ」と言ったら笑っていた。劇団は本気に取り組む一派といいかげんな人間で軋轢《あつれき》を生んでまとまりを欠き、96年に休止した。ずっと演劇と携わってきたから残念な思いはある。

ヒゲなしで4代目水戸黄門

「水戸黄門」（01年、TBS）で4代目の水戸光圀を演じた。制作会社のC・A・Lの中尾幸男さんとはこれまで何度も仕事をしていて「番組がマンネリ化になっているから変えたい。格さんは杉（良太郎）さんの息子さん（山田純大）、助さんも若い役者です」と熱心に語る。こちらは「お忍びの旅なんだから目立たない格好で、髭《ひげ》はつけたくない」と条件を付けた。髭にはちょっとこだわりがあった。調べたところ家康の時から諸大名には髭は生やさないようにとお達しが出されている。兵を起こすような勇ましい連想があったのだろう。将軍綱吉が生やしていない以上、家臣たちが髭を蓄えるなどできるはずもない。中尾さんから「それでいいでしょう」と了解が出て出演となった。

水戸徳川家に関係者とあいさつに行くと温かく迎えてくれた。山全体が墓地で頂上に初代、光圀のお墓はその下ぐらいにあり周辺は柵が巡らされていた。15代当主が「あなたの光圀が我々の知っている先祖の姿に一番近い。石坂さんだけどうぞ」。私だけ墓参が許されて中に入ると、儒教式のためか石棺の上に彫刻された大きな亀が乗っていた。

最初は髭なしで演じていたが、世間から反発の風が……。水戸では困っているという声が届く。なんでも水戸駅前にある光圀像には髭があるからだと。「じゃあ僕は降ります」というと、まあまあとなって少しは生やすことで落ち着いた。すぐに髭姿では違和感があるので、自分の部下を殺して死者の霊を慰めるため籠もって出てきたら無精髭が生えていたという設定にした。自分でも番組の脚本を書いたりしていたが、撮影終盤に直腸がんが見つかって、番組を降りることになった。

初めはちょっとした下血で痔《じ》かなと思っていた。時代劇は〝痔〟代劇といわれるくらいで、体のいろんな所を結ぶから血行が悪くなって痔になることが多い。がんを患った義弟から症状が似ていたため強く検査を進められ、調べたら「立派ながんです」と診断を受ける。ステージ3で患部は大きくなっていたが運良く体外に出来ていたため、悪性ではなかったらしい。内視鏡ではなく胸から腹にかけて開腹して患部を根こそぎ除去した。そしたら次の日から「歩きなさい」と。まだ縫い合わせからパイプが出ていた状態でだ。週刊誌の記者がうろちょろしていたから部屋の中で足踏み機を借りリハビリをしていた。最初は3か月に1回のがんチェックを2年。それが半年に1回になり、5年すぎて1年に1回となった。私が心掛けているのは暴食はせず、アルコール度数は強い酒は控えているぐらい。何か異常を感じたときは絶対に検査した方がいい。

紳助さんが作った「鑑定団」

「開運！なんでも鑑定団」（94年、テレビ東京）の原点は英BBCの「アンティーク・ロードショー」で、NHKでもちょくちょく放送していた。その番組で暖炉の上に掛けられていた絵画がレンブラントの作品と判明し、当時で4億円の値が付きそこから視聴率が急上昇。日本でも同じような番組ができないかとなったらしい。島田紳助さんが「石坂さんがやるなら」と共演もしたことがない私を指名してくれて、私も彼となら一緒にやりたいと思った。

番組を完成させたのは紳助さんだ。収録が終わると「あそこで振るのはこういう理由だから」「頭にこれがないとダメ」という具合に決まって〝反省会〟を開いては助言を受けた。私とコンビを組んで紳助さんが台本を書いていたようなもの。こちらが求めているところでスーッと突っ込みを入れてくるし、任せておけば大丈夫という安心感があった。だから降板はショックだった。

彼がいなくなって雰囲気は変わった。例えば出品者に値段を聞く場面、まぁ決まって安い値を言うが、紳助さんはそこで「ここに持ってきた以上は期待してるんじゃないか」という感じで怒る。流れのままにやっている今田（耕司）さんと違うところだ。（私の発言が）編集でカットされるのは紳助さんの時も当然あった。収録で「どうせ放送されないから」と言って、いろいろしゃべるのは昔から変わらない。それがなぜ（年明けになって）視聴者に違和感を持たれたのか。やはりスタジオの雰囲気に問題があったのだろう。テレビにはこの見えないモノが映るから怖い。視聴率のいいドラマは生き生きと映るが悪いのは映像も死んでいる。以前とは違う私が何かを醸し出していたのかもしれない。

私自身も番組に結構出品していて、最初に出したのは円盤式オルゴールだ。1902年のドイツ・ポリフォン社製の自動式で10枚のディスクが入る。ロンドンで100万円近くで購入した。元々教会にあったらしく浄財を集めるためか、1ペニーが入るようになっていて賛美歌も収録されていた。オルゴールと20枚のディスクは船便で持ち込んだ。扉や飾りを直したり木組みを新しく代えたりゼンマイも取り換えた。運送と修理代で90万円ぐらいかかったが、番組では1500万円の値が付いた。放送後にある博物館から「倍で買います」と問い合わせがあったが、丁重にお断りした。

16年4月から「極上！お宝サロン」（BSジャパン）の司会をしている。値段よりはコレクションのうんちくがメイン。コレクターは基本的にみんなに見せたいけど、周囲はそれほど関心を示してくれないことが多い。ゲストが思いの丈を話すのがこの番組の魅力だ。

◆軍艦旗を寄贈「米国人が持ち込んだ戦艦長門の軍艦旗を（06年に）購入した。5000万円ぐらいで売りたそうだったが付いた値は1000万円。番組で『これは大和ミュージアムに置いておくモノだ』といった手前、仲介者に『1000万円なら』と打診したら、先方の兄弟が探していた腎臓移植のドナーが見つかりそうで即決となった。自宅に旗が到着する日、寄贈先の大和ミュージアムの戸高一成館長と『軍艦長門の生涯』を執筆した作家の阿川弘之先生を招いてから開封した。3・6メートル×5・4メートルの軍艦旗は家の居間よりも大きかった」

「相棒」高い完成度に感心

「相棒シーズン11」（12年、テレ朝）の話をもらった時、どういう形で出演するか分からなかった。演じる甲斐峯秋なる人物は警察の偉い人（警察庁次長）で、息子（成宮寛貴）がいて対立しているぐらいしか教えてもらってない。そのうち実家は資産家で奥さんはいるけど米国に行っていて……。最後には息子が犯罪を犯してしまった。成宮君は重罪じゃないから仮釈放で1年ぐらいで出所できるはずで、ドラマにどう絡んでくるかも興味がある。

番組はぽつぽつ見ていて、日本の刑事物では珍しく情緒に走らず理路整然と解決するから感心していた。よくあるタイアップで登場する旅館や露天風呂、観光地も出てこないのがいい。私が撮入した時には現場はいいムードで既に完成していると感じた。どんな展開でも堪能できる作品に仕上がって視聴率も高いのもうなずける。水谷（豊）君は完全に杉下右京と合体していた。半年も役を演じれば身についてくるが十数年もやっていればなおさらだ。私も金田一耕助を演じた時は、そんなしゃべり方になっていたと思う。「極道の妻たち」で姐《あね》さん役だった岩下（志麻）さんも電話でドスの利いた声で『誰や！』と、やったことがあると言っていた。

映画「図書館戦争」シリーズ（13年～）では関東図書基地指令の仁科巌を演じた。2015年に公開された映画では、仁科が犠牲者を出した責任を取って図書隊を去る姿があったので今後はどうなるか分からない。この映画の不思議なところは犠牲者は出るが死んだかどうか分からないようにしている点だ。もし、本気で戦闘シーンが起きれば自衛隊や警察も黙ってはいないだろうに……。言論弾圧を題材にしている、このアイデアは面白いと思う。

共演した榮倉（奈々）さんは、体が大きい中にも古風な雰囲気を感じていた。実際に絡むとどこかに恥じらいがあり、より日本的だと実感させられた。岡田（准一）君は映画よりもＮＨＫ「ザ・プロファイラー」での司会の印象が強い。２回ほどゲスト出演したが自身の立ち位置をしっかり理解していて感心した。歴史は勉強しても伝聞に過ぎないし、ひとつひとつ線を引いて考えないと片寄ってしまう。そんな線引きのできる役者さんだと思う。芝居も理路整然とした演技で情緒に流されないセリフ回しをしている。少し二枚目過ぎるのが難でしょうか。

スター千一夜―①

「スター千一夜」の司会に指名されたのは、私がNHK大河ドラマ「天と地と」の主演を務める前の時期だ。「吉永（小百合）さんと2人で」、と言われたとき、フジでちょっと前に美術の番組の司会をしたことが頭をよぎった。絵画が好きだから白羽の矢が立ったのだろうが、画家の方と語りながら歌手も加わり1曲歌うという斬新なもので、日曜朝の20分ぐらいの番組だったかな。そんなこともあり司会にはあまりアレルギーがなかった。

ただ吉永小百合さんを見ていてプレッシャーを感じたことは覚えている。吉永さんはゲストへの質問一覧みたいなものを単語カードに書いて全部記憶するようにしていた。ある日、私が女性デュオ・じゅん&ネネとの収録を待つ間、吉永さんが玉の海関（当時大関）とトークしているのを調整室で見ていた。お相撲さんは「はい」「ごっつあんです」「あっ」「いえ」。基本はこれしか答えないから話も弾まず単語帳のネタも切れて沈黙に…。見ていた僕の方も冷や汗が出てきた時、吉永さんがいきなり「横綱！」と。「いや、まだ横綱になっていません」。また沈黙に…。私もまだ5本ぐらいしか撮っていない頃だったので、これは大変だ。とんでもないものを引き受けたと思ったものだ。

私は単語帳に書くタイプではない。その代わり資料は読んだ。局近くのマンションに番組資料室があって、週刊誌や新聞の記事などいろんな人の情報がファイルされていて、スタッフにゲストの資料を集めてもらっていた。それをチェックするのはもちろんだが、お願いしたのはゲストがスタジオ入りしたら本番まで10分ほど雑談ができる時間を確保することだ。いきなり、スタジオに入りました。座りました。はい、ポンとしゃべる――。15分の番組では相手を探っているうちに終わってしまう。雑談で資料から得たことを参考に「私の知っているのはこんなことで、こうでああで」と先方に知らしておく。「ああ、知っていてくれているのかな」と安心をする方もいたりするし、そこでバカ話でも出れば、しめたものでニコニコと番組に入ってくれる。「勝負はこの10分でほぼ決まる」と周囲にはずっと言った。

この雑談のおかげで司会は楽しめたと思う。時には「天と地と」で敵役（武田信玄）だった高橋幸治さんをゲストに迎えて、互いに武者姿になって番組を収録した。しかも川中島のシーンを撮るロケ地でだ。NHKの番組をフジが番宣する大らかな時代だったと思う。ゲストへの苦手意識はなかったが、吉永さんじゃないが相撲取りには苦労もあった。

スター千一夜―②

お相撲さんがゲストの時に、付き添いで来る部屋の若者頭《わかいものがしら》が曲者だ。雑談している10分間ぐらいは関取もノリノリでしゃべっているが、いざ本番となると若者頭がスーッと関取に寄って「あんまりしゃべんなよ」と耳打ちをする。番組での受け答えは「はい」「ごっちゃん」ばかりになってせっかく雑談で温めた苦労が水の泡だ。邪魔すんなよ、お前はっ！て感じで、ぶん殴ってやろうかと思ったこともある。その関取の名は、あの輪島さんだ。

相撲でもう一つ。忘れられないのが北の湖関だ。彼が幕内優勝した翌日に生放送で出演するはずだった。だが待てども来ないからスタジオが次第にざわついてくる。本番ギリギリまで待っていたが時間は待ってはくれない。ついに5分前、4分前…。ディレクターの浜口哲夫の顔色がなくなり始め、放送3分前には真っ青になって「(収録済みの)ピーナッツ(女性デュオの「ザ・ピーナッツ」)分を今日放送するから、お願い。頭の1分、謝って」。懇願されて「はい」とは言ったものの1分ってこれがけっこう長くて謝るのは大変なのだ。何で俺が…という気持ちを抑えながら、何を喋ったらいいのか思いを巡らせた。たまたまこの日、ちょっとした雪が降ったので、そこから入るしかない。

「このスタジオの外もかなりな積雪のある場所も何カ所か見受けられ交通渋滞も発生していますそういう中で北の湖関は部屋をお出になったんですけれど、昨夜の優勝、そしてそのあとの祝賀会とさぞかしお疲れのことだと思います。只今のところ、まだお見えになっておりませんので、誠に申しわけありませんが、北の湖関のお話は明日《みょうにち》ゆっくり伺うこととして、本日は収録してありますザ・ピーナッツをごらんください」

――というようなことを言って60秒をつないだ。収録した番組があったからいいが、もし撮っていなかったら、最悪は私が1人で15分間しゃべるしかなかった。結局、北の湖関は5分ぐらい遅れてスタジオ入りし、そこからすぐに翌日分の撮りをした。

昔は歌手もしゃべらなかった。特に演歌系はイメージを損なわないためにあえて暗めにしていたようだ。森進一君もそうだった。本番5分前まで雑談で飲み屋の話とかしているのに、いざ本番になると「はい…」「そうです…」。すっかりキャラクターを作ってしまう。美空ひばりさんが森君と一緒に出演した回が面白かった。相変わらず森君が「はい…」「ええ…」とやっていると、ひばりさんが「あんた、この番組はトークショーなのよ。歌手だからといってお話しするときは自分の思いとか、きちんとちゃんとしゃべらなきゃ駄目よ」。きっちりと怒ってくれてちょっと留飲が下がった。

◆海外ロケも

番組視聴率は良かった。褒美《ほうび》半分みたいに欧州ロケを組んでもらい、ジャン・ギャバン、アラン・ドロン、そしてソフィア・ローレンといった超大物に会うこともできた。ギャバンの女性マネージャーでとにかくカッコ良くて、ギャバン用の脚本を書く10カ条というのを教えてくれた。その中に『長いセリフは書くな。なぜなら覚えないから』、『遠くへロケに行くな。夜は自宅でテレビを見るから日帰りでないと駄目』というのを覚えている。収録ではギャバンに『あなたにとって映画というものは何ですか』と聞いた。『俺の一部になったかもしれない』とか言うのかと思ったら…。『馬の餌代だよ。俺は牧場を持っていてそこで馬を30頭ぐらい飼っていて、そいつの3か月分ぐらいの餌代だな』。とてもチャーミングなおじいちゃんだった。

◆司会のコツ

クイズ番組の司会もやった時は問題チェックを随分した。いろんなものの起こりや、なぜそういう名前がついたのかとかいう問題の答えは諸説ある場合が多い。その中の1つ正解というのはやめたほうがいいとスタッフには言い続けた。「諸説あります」と正直に言ったほうがいいし、どの説でも正解にすればいいと思っている。司会はいろんな部分に気を遣わなければいけないが、典型的に悪い司会者もいる。例えばニュースショーでうまい司会者は、相手がスーッと答えるのを待つようにその頭までしかしゃべらない。ところが、下手な人はその人の答えの半分ぐらいまで自分でしゃべって「そうでしょう?」という感じになっちゃうから、相手は「はい」で終わってしまう。これが最悪だ。

「世界ウルルン滞在記」

1995年からTBS系の「世界ウルルン滞在記」に出演した。番組は俳優やタレントが海外にホームステイして、いろんなチャレンジをしていくというもので、現地での悪戦苦闘ぶりが見どころだ。そこから出されるクイズと合わせて番組が成り立っている。局からは「司会を徳光和夫さんで、レギュラーには清水圭がいます」ということだった。そこでフッと頭に浮かんだのは私とタケちゃん（ビートたけし）と（大橋）巨泉さんの「HOWマッチ」（TBS系、1983～90年）。この時は3人の掛け合いがはまっていたから、徳光さんにパネリストの僕と清水君の3人がそうなればいいと思った。

徳光さんとは打ち合わせを兼ねて食事もした。「こんな感じで突っこんでいきますけれど、いまぐらいの調子で大丈夫ですかね」と振ってみると、徳さんは「いいから、いいから」という感じ。本番でも巨泉さんみたいにムキになって返ってこないから少々物足りなさはあった。僕と清水君は結構やり合っていたと思う。

パネリストの私も2度海外でホームステイした。場所はスペイン南部の山のなか。イベリコ豚を飼っている家で料理をするという企画だった。着いた日に豚を絞めようとなり、まぁどうってことないからコンコロコンコロと頭まで砕いた。さばいた豚を料理してステイ先のご夫妻に食べてもらったらマズい顔をする。最終日には豚のかき揚げを作ったが、温度調整の料理器具がないから全然うまくいかない。それでもみんな「うまい」と言って食べているから「えっ、何だ」と不思議に思っていた。

料理よりも面白かったのはテレビに映らない部分だ。ご夫妻は学校の同級生で私と同い年。辞書を片手にあれこれ聞くと興味深い話ばかりだった。1930年代にフランコの独裁で手を組んだナチスドイツが入ってきたが、この地方はフランコとの摩擦がないということだった。スペイン全土で戦争していたみたいに思っていたからビックリした。日本のことはあまり伝えられていなくて、太平洋戦争についてもあまり知らないようだった。いろんな話をしていると、奥さんが「昨日まずいとあなたの料理のことを言ったけど悪かった。あれは向こう（スタッフ）の指示で仕方がなくやったのよ」と明かしてくれた。

奥さんは1年後に亡くなった。旦那さんが悲しんでいたので、慰めにもう一度スペインに出掛け、一緒に墓参りもしたが、なぜか旦那の服装は派手になっていた。

番組はホームステイに行った人たちが骨を折った子もいたほど体を張っていろんな冒険をしてくれた。それに制作サイドの〝演出〟にうまくはまってくれていたから視聴率も良かったと思う。

◆トップ賞

番組では一番正解した人がトップ賞で賞品をもらうが、常にテレビに映るものがもらえるワケではない。どでかいチーズの塊が放送用で流れるが、実際はカットされた片手程度の大きさで肉も「あっ、すごい」と思ったら200グラムほどだった。賞品が食べ物だとスタッフが飲んだり食べたりするのが常だ。時計と万年筆は良かった。スイスのアランシルベスタンという時計で、針やなんか好きにはめ込まれていてきれいなオモチャっぽいというデザインで気に入っている。万年筆はイタリアのデルタという新興メーカーでこれが太くてまたデザインが斬新でずっと使っている。

◆兵ちゃん

テレビで「兵ちゃん」と呼ぶのは巨泉さんと徳光さんぐらいしかいない。徳さんは巨泉さんがそう言っているからいいかもと思ったかもしれない。でも資格はない。僕が本名の武藤兵吉でやった仕事はＴＢＳのみ。だからこそ石井ふく子さんからは「兵ちゃん」か「坊や」と呼ばれていた。あと石井さんを紹介してくれた大空眞弓さんとか山本学さんぐらいしか資格はない。まあ呼ばれても本名だからいいが、心のどこかに「あなたに呼ぶ資格もないのに…」というのはある。厳密にいうと巨泉さんもないけど、芸名がついたばかりで「11ＰＭ」に呼んでもらったので仕方がないかもしれない。

◆盗難事件

コロンビアでは機材を盗まれる事件があった。帰国便の手続き中にやられた。これが防犯カメラに映っていて後でみんなで見て大笑いだった。搭乗手続きが長引いている2人を見かねて、荷物を見ていたスタッフがカウンターに近づいた瞬間、から画面横からスーッと出てきた男がカートごと持っていった。スタッフも職業柄テレビカメラは体から離さないけど、撮ったＶＴＲとか自分たちの荷物は置きっ放しだからやられた。ディレクターも必死で現地のテレビ局に出演して「返して下さい」と訴えたら、1週間後に捨ててあったＶＴＲが発見された。無事に放送できたが、当然他の荷物は返ってこなかった。後はクーデターとか内戦が起こって一歩も出られなかったということもあった。その時はロケをやらずに帰国。いつ何時テロに巻き込まれる危険がある今、こういった海外での冒険的ロケは怖くてできないだろう。

慶大先輩・別当に憧れ大の虎党に

子供の頃に、ボクシングのピストン堀口の試合を見ている。近所の田園コロシアムで武藤選手と戦っていた。自分の本名と同じ武藤はKOされたが、堀口が恐ろしく強かったことは覚えている。若くして亡くなったが、もし世界戦が実現していれば絶対にチャンピオンになれただろう。ボクシング人気に火が付くのはテレビが出現してからで、この頃はやっぱり野球が圧倒的な人気だった。

私も夢中になっていた。帆布のできそこないに革を張ってグラブを作り、近所の仲間と野球に興じていた。そのうち「紅梅キャラメル」が発売される。1箱10円でおまけに巨人軍選手のカード1枚が入っていて、選手9人と監督の計10枚集めるとボールやグラブとか豪華景品がもらえた。近所に景品交換所があったから、余計にみんなハマった。学校へ持って行くのは禁止だったが、内緒で持ってきては見せ合って楽しんだ。

仲間同士で10枚集めようとしたが、出るのはウォーリー・与那嶺さんばかりで、とにかく水原茂監督のカードは出ない。一度、友達のパン屋さんでキャラメルを売っていたので「入荷したら箱ごと持ってこい」とお金を出し合って箱買いした。開けてみたら監督のカードが1枚も入ってなくて「メーカーに抗議しよう」と本気で怒ったこともあった。

私は阪神ファンだ。なぜ虎党になったかというと往年の名選手、別当薫さんがいたから。終戦後、別当さんが慶応大学に復学した時の早慶戦を観戦している。慶大にいたいとこに神宮球場に連れていってもらったが、生で見た別当さんは背が高くてカッコいい、しかも主将で4番と実力もある。以来追っかけて入団先の大阪タイガースはひいきとなった。おやじは巨人ファンで後楽園で巨人―阪神戦を見に行ったものだ。

別当さんが1950年にパ・リーグの毎日に移籍する。本堂保次、土井垣武らも阪神から引き抜かれた。だから今でも毎日新聞はウランでいます。タイガースに残った藤村富美男さんが「ここで俺たちが踏ん張らないと、阪神が潰れる」という男気ある発言を耳にして、ここでタイガースを見放すわけにはいかないと、別当さんとは別でずっと応援することに決めた。

選手は神様と思っているので、プライベートではあまり付き合わないようにしている。今年（2016）は江越（大賀）やルーキーの高山（俊）とか若手をバンバン使い、2軍に落としたベテランは上げたらすぐ起用。躍動感あるチームに変貌し優勝できると思っている。（大学の）後輩の高橋由伸監督ね……。引退の仕方がちょっと寂しかった。もう少し現役をやりたかったんじゃないかな。今季は阪神と巨人で引っ張っていってほしい。

◆別当《べっとう》 薫《かおる》「1920年8月23日、兵庫・西宮市生まれ（享年78）。慶大卒業後にノンプロ全大阪から48年に大阪タイガース入り。50年に毎日に移籍。引退後は毎日・大毎、近鉄、大洋、広島の監督、横浜大洋の球団代表を務めた。本塁打王1回、打点王1回（いずれも50年）。ベストナイン6回」

四　役者とドラマの未来

やすらぎの郷との出会い

冒頭でも触れたように、私は「やすらぎの郷」というテレ朝の帯ドラマの主演をした。そもそもこのドラマのキャスティングは、倉本聰さんが浅丘ルリ子さんと加賀まりこさんに呼びかけて始まった企画だというのが、プロデューサーからの説明だった。驚いたのは、脚本が全130話分すべて揃っていたことである。普通の連続ドラマでは、撮影をしながら脚本を書き進めるものだが、倉本さんはいつ頃から書き始められたのか、完璧に揃っていた。

これまで私が経験したのはNHKの朝の連ドラで100話だったが、それを超えて過去最高である。すべて読んでみて、非常に面白かった。私の俳優歴の中でも、特筆すべき作品になると直感した。ただ、最初から主役という感覚で本を読んではいなかった。読み終わってみたら、「菊村栄《さかえ》」という私の役に休みがないということである。

「そうか、この役をやるのか」

と、初めて帯ドラの主役という重責を担うことを理解した。最初、菊村は倉本聰さんの分身のようなものだろうと思い込んでいた。だから倉本さんの実像に近づけようとも考えたのだが、本を読むと必ずしもそうではないことに気づいた。

やすらぎの郷の園内で、菊村栄は「栄《えい》ちゃん」と呼ばれている。私も昔なじみからは本名の武藤兵吉をもじって「兵《へい》ちゃん」というニックネームで声をかけられることもあるのだが、たぶん倉本さんは私という人間を観察してセリフを当て書きして下さっているのだろう。長々と蘊蓄《うんちく》を語るのが好きという設定もそう。テレビのクイズ番組などでの私の語り口に近づけているように思う。

普段の倉本さんは煙突のごとくタバコを吸われる。実際、菊村には禁煙社会に対する不満を大いに語らせてもいる。しかし私はまったくタバコを吸わない。リハーサルでは火を点ける真似だけだが、本番では実際に吸わなければならないので、「ネオシーダー」という、ノドの薬と称して市販されているタバコのようなものを吸っているのだが、これが実にまずい。

男まさりなイメージのある「マヤ」こと水谷マヤ役の加賀まりこさんだが、意外にも彼女もタバコを吸わない。「お嬢」こと白河冴子役の浅丘ルリ子さんも、そしてもちろん「姫」こと九条摂子役の八千草薫さんも吸わないが、真野六郎役のミッキー・カーチスさんは実際に自分が吸っているタバコを収録の際に紙に巻き直して使っている。

浅丘ルリ子の進化する演技

さて、共演する俳優たちを紹介してみたい。

浅丘ルリ子さんと私は、以前結婚生活を営んでいたことはご承知のことと思う。彼女と別れてから何度か公的な場で会うことはあったが、私的に会うことはなく、一緒に仕事をするのは市川崑監督の映画「鹿鳴館」（1986年9月公開・東宝）で共演して以来だから、およそ30年ぶりのことである。

浅丘さんとはいろいろあったが、今年彼女は77歳、私は76歳になった。やはり同年配同士とは良いものだ。なにせ同じ時代を生きてきたから、「あのとき、ほら、あんな事があったじゃん」と言うと、「ああ、そうそう。そんな事あったよね」と、すぐに共感してもらえるのだ。そういう安心感はある。

芝居も以前の彼女と比べてずいぶん変わった。正式に離婚したのは2000年だが、かなり舞台経験を積んだのだなと感じさせるものがある。テレビドラマのセリフ回しは早口になりがちだから、そのままでは舞台で通用しない。観客すべてに言葉を届けるためは、セリフは伸ばし気味のしゃべり方となるのだが、いまの彼女はそうなのだ。

浅丘ルリ子という女優は、以前から、セリフを語りながら、日常的な細かい手元の動作などがとても上手だった。森光子さんの場合は、舞台とテレビとでそのあたりをうまく使い分けておられた。

今回の浅丘さんの役柄は、かつての大女優という設定だ。舞台的な大らかなセリフ回しが生きているのだが、舞台俳優がややもすれば陥りがちなのは、声のマイナーとメジャーの使い分けの誤りである。第一部の「ウルトラQ」の項でも述べたが、声には長調と短調の違いがある。もう少し詳しく言えば、「重いセリフ」や「悲しいセリフ」は短調で語ると非常に分かりやすい。語尾を下げ気味に「あれはよかったなあ」と言えば短調だが、明瞭な声で「あれはよかったなあ」と喋れば長調になる。

字面では説明しにくいのだが、「ウルトラQ」のときの私のナレーションは短調で、「ウルトラマン」のときは長調だ。聴き比べていただければその違いがハッキリ分かっていただけるはずだ。

浅丘さんはそのあたりを意識的にうまく「変換」させている。歳をとってくると短調の方が声を出しやすいので、使いたがってしまうのだが、そればかりだといわゆる「臭い芝居」になってしまう。いくら力強く「見ろ、太陽が！」と言ってみたところで、それが短調のセリフだと大げさになるばかりで客に伝わらないのだ。

加賀まりこと有馬稲子の名演技

さて、加賀まりこさんの芝居だが、昔に比べてとてもまとまりがよくなっている。感情表現を意識的に抑えているようである。今回のドラマは、死に向かう老人たちの話だから、実は芯が悲しいストーリーだ。だから、むしろこれを演じる役者はそんなに悲しむ芝居をすべきではないと思うのだ。加賀さんはその辺を注意して演じているように思う。

若い頃、「私は悲しい」というセリフをことさら悲しそうに言う必要はないといわれたことがある。前後の芝居もあるのだから、それを言葉通りのセリフ回しで言うと、逆に伝わらなくなる。たしかTBSの鴨下信一プロデューサー（現・TBS相談役）に言われたと記憶するのだが、まさしくその通りだと思っている。

及川しのぶ役の有馬稲子さんは、なんといっても私がNHKの「天と地と」（19

69年放送）で、上杉謙信役として初めて大河ドラマの主演を務めたときの、私の家来である。幼い謙信の養母・松江の役で、越後の百姓の娘とあって男まさりで訛《なま》りが激しい。

今回、久しぶりにお目にかかった有馬さんの役どころは、洒脱《しゃだつ》な有名シャンソン歌手である。どのような芝居をされるのかと注目してみていた。初めて画面に登場するときの役者は、「こういう役でやるぞ」という意気込みに溢れているものだが、有馬さんは元シャンソン歌手らしさに気を留めて、セリフの中にフランス語のセリフを入れるなどして役を作り込んでおられた。私は、「このままの演技ではこの先の場面までもたないな」と少しばかり危惧していたが、それは杞憂《きゆう》だった。そうした演技は最初だけで、その後は普通に演じている。つまり最初だけ役柄の個性を強調して、視聴者へ「及川しのぶ」のイメージを植え付けようとされたのだ。

その有馬さんと富士眞奈美さんの共演シーンは見応えがあった。現役時代から長年のわだかまりを抱えていた2人は、突然施設で再会する。富士さん演じる女性の懸命な謝罪によって一旦は和解に至りながら、ある事件によって再び修復不能なほどの深い溝が生じてしまう。精神的に張り詰め続けなければならない場面だったのだが、お二人とも見事だった。

こういったとき、相手がどういう芝居をしているか見えていないとその役者は大成しない。相手役との協調に気を配るのは、脚本に従うべき役者の使命とも言える。ところが、たとえば相手のセリフの切れ間に関係なく背後で動いたりする者がいる。これは周りが見えていない、聞こえていない「耳の悪い役者」、もしくは「行儀の悪い役者」である。

野際陽子は安心できる共演者

まずは脚本を読み込むことが重要だが、ただ回数を読んだだけでは意味がない。私たち役者は、自分がどこでどう「動く」ことができるのか、それを意識しながら本を読む。ことに「やすらぎの郷」の数多《あまた》のシーンは、自分の居室か、バーカウンターか、あるいは海岸に座り込んで釣りをするといったように動きがない。このように会話が主体のドラマで、どう動きをつけて演じるかは、まさに役者の力量にかかっている。

お亡くなりになった野際陽子さんとの料理屋での掛けあいは、まさにそれである。野際さん演じる井深涼子は、作家として「濃野佐志美《こいのさしみ》」というペンネームを持つのだが、密かに「やすらぎの郷」の住人をモデルとしたスキャンダラスな小説を書き、ちょっとした問題となる。彼女と家族ぐるみの付き合いだった菊村は、施設側からの依頼で、涼子に「ペンの暴力」をたしなめようと、居酒屋の囲炉裏を挟んでのやりとりとなるのだが、野際さんとはそういったシーンが3回ある。

座敷の囲炉裏には足を下ろせる掘りがある。そこで立ったり座ったり、互いにどのセリフの時にどう動くのか、それを本番前の「ドライ」と呼ばれる段取りの際に付き合わせる。演技のプランニングというほどのものではなく、こちらから「こう考えたんです」と話すと、「私はここに座っていればいいわね」という話になる。それ以上のやりとりはないのだが、野際さんは演技経験が豊かであるうえに、役の幅を持っておられるし、演技パターンも豊富だ。その根っこにあるのはやはり頭の良さである。

セリフの覚えがしっかりしているから、打ち合わせをしていても飲み込みがすごく早い。もちろん彼女と私それぞれの涼子像はあるが、そこが食い違っているかどうかは分からないし、統一する必要もない。実際の人間関係と同じように、相手の人生観にまで立ち入る必要はないからだ。

とにかく安心して演じることができる女優さん、それが野際陽子さんのイメージだが、「やすらぎの郷」での出演シーンをすべて演じきってお亡くなりになった。この素晴らしい女優を失ったことを、本当に残念に思う。

高倉健は浅丘ルリ子と口をきかない

藤竜也さん演じる高井秀次は、高倉健さんがモデルだそうだ。寡黙な役柄は倉本さんが抱く健さんの世間的なイメージに沿っておられるのだろうが、実際の健さんは黙りこくっているばかりの方ではない。

ずいぶん昔のことだが、私がイタリアの車に凝っていた時代があって、都内の外車販売店で車を見ていると、後ろから「石坂さん」と声をかけられた。振り向くとそこに立っていたのが高倉健さんだった。もちろん初対面。「君もよくここへ来るの？」と問われ、実物の健さんにびっくりしながら、「ええ、ここで車を買ったんです」と答えると、「そうか、イタリー車が好きなんだ」とおっしゃる。

しばらく立ち話をし、互いの連絡先を交換して数日経つと、「今日、メシを食うんだ。来ない？」と食事のお誘いの電話がきた。広尾のレストランで、男ばかりの食事会だったが会話も弾んで楽しかった。

それ以来何度か食事をご一緒させていただいたのだが、どうも女性がその場にいると駄目なようだ。いちど浅丘ルリ子さんを連れて行ったことがあったのだが、健さんは彼女とひと言も会話しなかった。不機嫌というわけではないと思うのだが、健さんがお亡くなりになったいま、その理由は結局わからないままである。

アグレッシブな八千草薫

八千草薫さん演じる「姫」こと九条摂子は、戦前からの大女優で、やすらぎの郷を創設した加納英吉とは深い因縁がある。

戦中のこと、当時海軍の将校だった加納は、出撃を翌日に控えた特攻隊員への慰問として姫を宿舎に差し向け、最後の晩餐をともにさせる。それは彼らへの餞《はなむけ》だったのだが、姫は彼らに会って初めて特攻出撃直前の飛行機乗りであるという事実を知り、大きなショックを受けた。姫の被った衝撃はそれに止まらない。戦後になり、死んでいったそのうちの一人の親から届いた手紙が、姫にさらなる追い打ちをかけたのだ。

「お元気でお美しく、明るく生きておいでですね。息子とたべた食事の味を、あなたはまだおぼえておいでですか。おいしかったですか。おなかがくちくなりましたか。息子ともう一度会いたいです」

息子を戦争に奪われた母親の悲しみと、結果的に特攻を「称揚」した女優への恨みが込められた手紙は、姫の生涯の心の傷として残ってしまう。九条摂子を永遠の恋人とする加納である。そのことを自らの咎《とが》と受けとめ、以来誰とも結婚せずに独身を貫き、姫のために終の棲家としてやすらぎの郷を用意し、迎え入れたのだ。

このように、物語には戦争が大きな影を落としている。高齢の姫は、やがてやすらぎの郷で死を迎えることになるのだが、この辺りは、交響曲にたとえれば第4楽章のクライマックスともいうべき大きなシーンである。

実際の八千草薫さんは、九条摂子の役柄そのままと言ってもいい可愛らしい女優さんであるが、俳優という生業に傾ける情熱からはいささかも年齢を感じさせない。

すべてのシーンを撮り終えたあと、八千草さんは「これから舞台が控えているの」とおっしゃる。それもロシア劇の初演なのだという。みなそれを聞いて呆れた。なにせ再演ではないのだから、一からセリフを覚え、役を作り上げていかなければならない。「今度、違う名前を言わなきゃならないから大変よ」などとおっしゃっていたが、御年87歳になられる八千草さんの精力的な活動ぶりには、まことに頭が下がる。

そういえば、加賀まりこさんが、「八千草さんって3回結婚しているのよ」と言っていたが、加賀さんの情報はアテにならない。実際は、八千草さんの亡くなった御主人（映画監督の谷口千吉氏）の結婚歴が3度あるというのが正解で、八千草さんは一度しか結婚していない。

芝居好きが集まったドラマ

やすらぎの郷の収録スタジオに集まる方たちは、芝居をすることが大好きなのだと思う。ミッキー・カーチスさんなど、セリフが覚えられないからと、カンペをいろいろな場所にしのばせているが、何度も撮り直しをするうちに、「もうセリフ覚えちゃったからいらないや」などと言って笑っている。

たしかに文句を言いたくなるほどセリフが多い脚本なのだが、それでも芝居の世界にいる楽しさは何ものにも代えがたい。若いときは、セリフを覚え、それを演じ終えたときの自己達成感があったが、いま、そんなものはいらない。

スタジオに入って、カメラが回り、相手の役者と演じあう。そこに観客がいなくたっていい。芝居をしていることそれ自体がとても楽しいのだ。

よく、「役になりきる」というが、自分という人間の枠を飛び越えることなどできない。無理にでも自分の中に役を引っ張り込まないと演技を楽しむことなどできない。もちろんセリフはその人物の気持ちになって喋るのだが、幾つもの役を演じ続けるうちに、役名はあったとしても、それはやはり自分自身が語っているのだということに気づくのだ。

何でも演じる役者でありたい

そんな私だから、ひとつの役柄にこだわりたくはない。大河ドラマがヒットしたからといって、そのあと時代劇だけでやっていこうなどと思ったこともなかった。とんでもなく悪いヤツも演じてみたいし、すぐに殺されてしまいそうな役だってやってみたいのだ。

以前、「金田一シリーズ」の市川監督に言われたことがある。

「石坂君ね、役者というのは自分の当たり狂言をひとつ持っていれば、それは非常な宝物になるんだよ」

「監督、宝物って何ですか?」

「それはね、困ったときにお金になるじゃないか」

とおっしゃったが、私にはそうは思えなかった。

ひとつの役を一生やり続けると、歳ごとにその解釈も違って味わいが出るというが、役にだって年齢制限があるだろう。だから、「銭形平次」を演じ続けた大川橋蔵さんが、私には気の毒に思えて仕方がなかった。大川さんは絶対にほかの役もやりたかったに違いないと思うからだ。

役者が様々な役を演じてみたいと希《こいねが》うのは、この稼業の「業」のようなものではないだろうか。

私は渥美清さんがボソッとあるところで呟いた言葉が忘れられない。もうずいぶんと体調を崩されていた頃のことだ。

「もっと自分の身体が丈夫だったら、ほかの役だってやるんだけどなぁ……」

渥美さんは「男はつらいよ」シリーズ全49作品の主役を、1969年から95年までの26年間にわたって務めあげた。さぞ大変だったと思う。

1977年には「金田一耕助」役で映画（「八墓村」松竹）に出演された。興行的には悪くなかったようだが、その一本きりとなった。渥美さんは金田一のドタバタ喜劇の部分も演じておられたので、身体的にもきつかったと思う。その前年に私も市川監督の金田一作品（「犬神家の一族」1976年・角川映画）に主演し、これはその後シリーズ化されて成功をおさめた。渥美さんには少々申し訳ない気持ちがあるのだ。

テレビを観ない世代が支える人気

「やすらぎの郷」は、大人のおとぎ話ではある。だが年寄りの考え方や言動は決して平和なことばかりではなく、しょっちゅういがみ合っている。そこには人間の真実が表現されていると思うのだ。これまで日本の放送局は、そうした老人のドラマを、いや、人間の物語を描こうとしてこなかった。

たしかに若者向けのようなドラマはある。だがそれは出来事の表層を撫でているのみだ。そうした今のあり方について、菊村はセリフの中で次のように嘆く。

「それは木々の葉や実を描くばかりで、その幹や根っこに目を向けようとしていないのだ」

倉本さんが描くこのドラマには、いまの日本のテレビドラマの在り方への痛烈な批判が込められている。

脚本には、「あのテレビ局は最悪だ」、などというセリフもあって、そんなことなど書かない方が良いのにとも思ったのだが、しかし倉本さんにそう書かせるくらい、業界内にはテレビ局の制作方針に不満を持っている人が多いのではないのだろうか。

実際、私の同級生など、いまはテレビドラマなど観ないというのが多い。男はとくにまったく観ないという。

ましてバラエティなどどれも同じ番組のように見えて仕方がない」、と言う。「いろんな種類があるじゃないか」と返したのだが、出演するタレントがどこも同じなので内容の違いがわからないというのだ。

私と同年配の人間の多くは、たしかにそんな不満を持っている。そういった人たちに、この「やすらぎの郷」が少しでも共感を呼ぶ作品であれば良いと思う。実際、手応えはすぐにあった。この番組が始まってわずか1週間ほどのころ、中学時代の同級生たちから連絡が相次いだのだ。

「これはいま俺たちが観るべきドラマだ。よくやってくれた。クラス中にメールを出して知らせるよ」

というのだが、メールの文面には題名が「こもれびの郷」と書いてある。すぐに訂正させたが、そう慌ててメールしてしまうくらい、このドラマは私たちの年代にストレートに響いているのだ。

思い切ったドラマ作りを!

テレビが停滞している要因は何だろう。

少しヒットした番組があれば、みなそれに右ならえする。その連鎖が止めどなくなり、同じような番組ばかりになってしまっているのかもしれない。また別の理由としては、60年くらい前のテレビ創世記からすぐそのあとを継いだ人たちがみな偉くなるか、辞めてしまい、その下の世代が育っていないという事情もある。だから、もうあと何年かすれば、次代を担う人材は出てくるはずだ、と考える人もいる。

そんな楽観論の一方で、別の見方もある。

いまやテレビ業界だけではなく、映像分野全体がどんな風に変容していくのか見当もつかない。しかも映像を提供する媒体は多種多様となり、どれほどの数のどんな人たちが、お金を幾ら支払って何を観ているのかといった「マーケティング」もままならないのが現代である。

もはやそんな数字を追いかけても意味がないのではないだろうか。逆にもっと思い切った企画を立てて制作したほうが良い。再生の道はそれしかないとすら思う。

今回の「やすらぎの郷」の実現は、倉本聰さんの働きかけに応じた、テレビ朝日の早河洋会長(兼CEO)の大英断によるものだ。会長は年頭の挨拶でこのドラマを「壮大な実験」と位置づけておられたが、シルバー世代向けドラマというテーマもさることながら、月曜から金曜までの昼の正味15分のドラマの間に、コマーシャルが一切入らないのだ。一社提供の制作などままならず、時間を細かく切り売りせざるを得ないご時世に、これは画期的なことである。

中島みゆきの「慕情」

このドラマの人気の要因は、中島みゆきさんの唄う「慕情」という主題歌にもあるだろう。実は、かつて中島さんの楽曲を担当したレコード会社のディレクターは、私の従兄弟（ポニーキャニオン元常務・渡辺有三氏）である。そんなこともあり、中島さんのアルバムCDを何枚か持っているし、その歌詞と歌声に魅了された者の一人であると自認している。これまでも何度か中島さんにはお目にかかっているが、先日お会いしたとき、今回の曲は、倉本さんの脚本を一度お読みになってから曲作りに入ったとおっしゃっていた。

この歌にはメッセージ性があって、とても力《りき》が入っているなあと、それが初めて聞いたときの印象だ。これまでの楽曲はどちらかというと、歌詞そのものに物語のディテールがあって、その言葉を入れ込むために、非常に音符の数が多いメロディだったようなイメージである。言ってみれば、中島さんの重い呟きをそのまま曲に乗せていたようなのだ。

ところが今回は、メロディラインに沿った詞が付けられているので、素直に耳に入ってくるし、このドラマを俯瞰して唄っておられるような感じがして、これまでとはまた異なる心地よさがある。

「慕情」　作詞・作曲　中島みゆき

1.
愛より急ぐものが　どこにあったのだろう
愛を後回《あとまわ》しにして何を急いだのだろう
甘えてはいけない　時に情《なさけ》は無い
手離してならぬ筈《はず》の何かを　間違えるな
振り向く景色はあまりに遠い
もいちどはじめから　もしもあなたと歩きだせるなら
もいちどはじめから　ただあなたに尽くしたい

2.
海から産まれて来た　それは知ってるのに
どこへ流れ着くのかを知らなくて怯えた
生き残る歳月　ひとりで歩けるかな
生き残らない歳月　ひとりで歩けるかな
限りない愚かさ　限りない慕情
もいちど出逢いから　もしもあなたと歩きだせるなら

もいちど出逢いから　ただあなたに尽くしたい

少し嬉しかった事や　少し悲しかった事で
明日《あした》の行方《ゆくえ》は　たやすくたやすく
翻《ひるがえ》るものだから
甘えてはいけない　時に情《なさけ》は無い
手離してならぬ筈《はず》の何かを　間違えるな

限りない愚かさ　限りない慕情
もいちどはじめから　もしもあなたと歩きだせるなら
もいちどはじめから　ただあなたに尽くしたい
もいちどはじめから　もしもあなたと歩きだせるなら
もいちどはじめから　ただあなたに尽くしたい

老後とは？

あなたは老後をどう過ごすかと問われても、76歳の私はすでに後期高齢者である。もし身体が動かなくなったら入院するほかないだろうが、そもそも「老後」という言葉の意味がわからない。「老」の後といえば、「死」になるではないか。

実のところ、自分の年齢を忘れていることがよくある。こうして現役で仕事をさせてもらっているからかもしれないが、いつか「引退式」というものをやってみたいのである。力士に「断髪式」があるように、俳優にだってそれがあっても良いと思うのだ。

辞めたらやってみたいことがあるとすれば、それはもちろん、まだ箱を開けてもいない飛行機プラモデルキットの組み立てだ。プラモ作りは塗装も含めて細かい作業が続く。手先が震えたりするとなかなか難しい。そんな風になる前に、余力を残して俳優業から足を洗いたいものである。

第二部 私のヒコーキ人生

全イラスト・下田信夫

一　愛すべき複葉機たち

三度のメシよりヒコーキが好き

世間的に私は多芸多才と言われている。たしかに絵を描くし、料理も好きだ。翻訳もする。だが本当に「大好きだ」言えるものといえば、実は飛行機なのである。するといろんな方から、「なぜ飛行機なのですか?」と問われる。

人には人生の節目のようなものが必ずあって、その折々に起こる出来事がその人を象徴し、後の人生を支配していくのだと思う。それは私にとって何だろうと振り返ってみると、やはりそれこそが「飛行機」だったのではないかと思うのだ。

もっとも飛行機との最初の出会いは私の記憶にはない。叔母の証言によると、私が生まれてまだ物心つく前の3、4歳のころ。まだ戦中のことだが、「ぼくは飛行機乗りになる」と言ったのだという。

当時私が好きだった玩具は、米軍のニミッツ中将とか、マッカーサー大将、英国のチャーチル首相の似顔が描いてある筒型の人形のような竹鉄砲だから、それが日本の敵だという認識はあったのだろう。その敵が攻めてきて、大げさに言えば、その戦いがこの先も永遠に続くものだと信じこまされていたのが我々の世代である。

だが、うちは東京・銀座（当時は京橋区）木挽町の普通の商人《あきんど》だったこともあり、戦時だというのに実にあっけらかんとしたものだった。

敗戦間際のことである。一緒に暮らしていた叔母が風呂に入ろうとしたら、空襲警報が鳴った。それ逃げろとみんなが慌てふためくなか、叔母はこう言う。

「もういいわよ、どうせバーンと（爆弾が）落っこちて死んじまえば、それまでの話だし」

そして平然と風呂に入るのだ。

当時の私はそれを聞いて、「そうか、爆弾が落っこちてパッて死んじゃえばいいのか」としか思わなかった。戦争ともなると一般市民でも死を受けいれてしまうのだから、人間の順応性というものはすごいものである。

B‐29に感動

東京大空襲があったのは昭和20年3月10日夜のこと。その翌朝の光景はいまも記憶に鮮明だ。

当時、私の父は地域の防災班長をしており、防空ずきんを被った隣近所の人が私たち一家の住む家に寄り集まっていた。夜の空襲の凄まじさを話しながら、皆がヤカンから水を飲んでいるのが、やけに美味そうだったのを覚えている。

そのとき誰かが「B‐29だ！」と叫んだ。ハッと上空を見あげたら、4発エンジンの飛行機が1機、スーっと飛んでいった。いま考えればあれはたぶん爆撃の戦果確認をするための偵察飛行だったのだろうが、すかさず皆、軒下に隠れた。

そうこうしているうちに夜が明け、日が昇りはじめた。高い空にまん丸の太陽。銀座の空は下町から漂う灰でさえぎられ、太陽はフィルター越しに見るようでまぶしくない。でもそれはまるでゆで卵のようだった。

灰に覆われた空にはぼんやり浮かぶゆで卵があり、その傍らをB‐29が飛び過ぎていった。視界の片隅にある桜はいまにもつぼみが綻びそうで、それらはまるで一幅の浮世絵のようだった。

東京大空襲の翌朝に飛来したB-29爆撃機

B‐29は憎い飛行機であることに違いない。しかしあのとき遥か高い空を飛んでいる姿に感動させられたのもまた事実なのである。1991年にテレビのロケで訪れたフィリピンで、ピナトゥボ火山の大噴火を目撃したが、火山灰で暗くなった空に浮かぶ、ぼんやり丸い輪郭も露わな太陽を見て、ふと東京大空襲のときのゆで卵を思い起こした。

この3月10日ですべて空襲が終わりだなどと誰も思っていなかった。「焼け残った家を狙ってまたやってくるに違いない」と誰もが思い、うちもツテを辿って疎開先を探したあげく、ようやく見つかったのが神奈川県内にあった食堂の2階の部屋だった。

マッカーサーの車列

フランス流に洒落て言えば「オーベルジュ」とでも称するべきか、食堂と宿泊施設を兼ねた、いわゆる旅籠《はたご》である。西部劇で言えば1階が酒場で2階が宿泊施設のようなところ。そしてそこは偶然にも海軍の厚木基地の近くだった。

山一つ向こうが基地だから、夜になるとときおり米軍の爆撃機がやってきて、ドスンドスンと爆弾を落としてゆく。疎開当初は迎撃戦闘機もよく上がっていったが、やがてそれもいなくなった。

3月10日の空襲といえば、江東区などの下町だけが被災したという印象があるが、大田区(当時は大森区)もずいぶんやられた。戦後になって自宅のある田園調布に帰ってみると、隣の大岡山や奥沢一帯は全滅だった。戦争が始まる前まで私たち子供の遊び場だった公園からは、それまでの建物がまったく無くなり、環八まですっかり見通せたのには驚いた。

幸い実家は戦災から免れた。地域のなかで焼け残ったわずか四軒のうちの1軒で、後になって私に飛行機やソリッドモデルの作り方を教えてくれたカサイ君という上級生の家も焼け残ったのだ。

戦争が終わってしばらく経ったある日のこと。どの家も昼間から雨戸を固く閉ざした。警察の命令だったようだが、私ら子供たちはこっそり戸を薄く開けて何が起こるかとわくわくしながら外を覗いていた。すると、アメリカ軍の何台もの軍用車輌が凄まじい勢いで走り去っていった。後でわかったことだが、初めて日本にやってきたマッカーサーが、まさに都心に向かっていく車列だったのだ。

1945年8月30日、私はこのとき初めて戦争が終わったのだと気づいた。そして海軍の兵隊さんが厚木基地から故郷に帰る道すがら、物乞いにやって来たりする哀れな姿に、日本の無惨な敗戦を知った。

戦争が終わって、それでも厚木基地から飛行機が頻繁に飛ぶような状態ではなかった。そんななかでも飛行機好きになったのは、近所のカサイ君の存在が大きい。彼が持ってきた、たぶん「航空朝日」という専門誌だったと記憶するが、そこに掲載される飛行機の写真に、私はすっかり魅了されたのだ。

終戦のとき、私はまだ四歳。カサイ君はじめ周りのお兄ちゃんたちに刺激を受け、飛行機の世界に感化されていくのだが、そもそも戦時中から私の周りで「陸軍(の兵士)

になりたい」などと言う者は一人もいなかった。そのころ、「僕は海軍の水兵になる、おまえは航空隊へ行け」というような歌もあったくらいで、選択肢は「水兵か航空兵」の二つに一つ、陸戦兵になるという風潮はない。

そのころから、子供心に「敵は空からやってくる」という考え方がひどく刷り込まれていたのと同時に、自由に行き来できる場所であるのもまた「空」なのだということがよく判っていた。いま自分がいるこの東京と、どこか別の土地が大空を通してつながっていて、それは敵なのか何なのか、「遠い国から飛んでくるんだ」というのが自分の中に根付いていたのだろう。

戦争が終わって米兵が身近な存在になったとき、彼らが日本の仇敵だったなどと、私たちには思うことができなかった。ときおり軒をかすめるように低く飛ぶ米軍の戦闘機が、ずいぶん遠くからやってきたのだろうと、むしろひどく憧れの存在になっていったのだ。

飛行機の悲しい宿命

ライト兄弟がアメリカのキティホークの海岸で世界初の動力飛行に成功したのは1

903年12月のこと。飛行機が初めて戦場に駆りだされた第一次世界大戦の勃発は、その11年後の1914年である。長い歴史を俯瞰すれば、ライト兄弟の飛行から戦争までの約11年という時間は、絶妙な〝間〟だったと言っていいかもしれない。

それ以降、飛行機という発明品は、自動車が発達したときを上まわる勢いで進化した。自動車はその発明以前に元祖となるような馬車があったが、空には鳥以外飛ぶものは何もなかったのだから、まさに人類にとって「画期的」というべきだろう。

ライト機が改良を重ねる一方で、1906年にフランスのサントス・デュモンが欧州初の動力飛行に成功し、さらにその3年後の1909年にはブレリオ機が英仏海峡の横断飛行を成し遂げている。その同じ年に初めて乗客を乗せて飛んだのはアンリ・ファルマン機。アメリカのカーチス機もこの年、世界で初めて軍艦からの発着艦を行っている。

日本初の動力飛行は翌1910年、アンリ・ファルマン機を操縦する陸軍の徳川好《よし》敏《とし》大尉によって実現している。4年後の1914年には米国で飛行艇による世界初の旅客航路も開設された。

第一次大戦の欧州戦線は地続きの戦いだったため、最初は上空に浮かべた気球から敵部隊の動向を偵察していたのだが、これはロープで地上に繋留されているにすぎない。指揮官が「自由に空を機動する飛行機を使おう」という気持ちにもなるのも当然だろう。

もし第一次大戦の勃発がライト機初飛行の直後だったらそうはいかない。英国から大陸へ海を越える能力など無かったのだから、まだ戦いに使える状態にない。つまり、人類初の動力飛行から11年経って、様々な可能性が開けていたからこそ飛行機は戦争に投入され、さらに進化することになったと思うのだ。

航空技術は戦いによって磨かれたもの。そんな悲しい宿命を背負っているのが、飛行機という発明品なのだ。

私は飛行機のプラモデルを作るとき、パイロットのフィギュアを操縦席に乗せることをしない。ジオラマ（情景）仕立てにするときも、人間のフィギュアは外から飛行機をじっと見つめている、という設定だ。なぜそうするかというと、飛行機を飛行機としてだけ見てやろうという気持ちのほかに、実はもう一つ理由がある。

フィギュアといえど、ひとたび人間が乗ってしまうと、たちまち飛行機は武器となってしまうからだ。

戦闘機は人が乗って初めて武器となる。そうなったとき、やはり私にはその宿命を感じとり、飛行機が可哀相でならないのだ。

地上にいる飛行機が好き

よく、「飛行機の究極の美は飛行中の姿だ」といわれるが、私は決してそう思わない。軍用機も民間機も含めて、やはり飛行機は地上に佇んでいるだけで美しいし、私はその姿がもっとも好きなのだ。脚で地面を踏みしめ、踏ん張って、今にも「飛ぶぞ」と、「早く飛びたい」という〝顔〟をしているのがたまらなく好きなのだ。

第一次大戦機にしても、着陸のときは自重600キロから1トンもの機体が一定程度の速度で地面に接地するから、乗員と機体を傷つけないためにも、やはり降着装置の技術は非常に進歩していった。

降着装置を機内へ折りたたむ「引き込み式」へと一般化するのは第一次大戦後のこと。それまでは車輪も脚も出しっ放しの「固定式」で、衝撃を吸収するサスペンションも備わっていない。

どうするかといえば、木製の車輪にゴムを巻いてみたりするのだが、そのような工夫に私は興味をそそられるのだ。当時の未舗装の野っ原のような飛行場から離陸するのだから、技術者たちの苦闘を知るほどに、何ともいいしれない感情に捕らわれるのだ。

飛行機の進歩は、戦争での殺し合いや、開発過程における不慮の事故で多くの犠牲者を出す悲しい歴史の繰り返しではあるのだが、「どうやってこの部品を思いついたのだろう」とか、「何人かで知恵を出し合ったのか、それとも誰かがフッとひらめいたのか」などとあれこれ想像しつつ、その工夫が反映されて今の飛行機に結実していることにまた、深い感動を覚えずにはいられないのだ。

引き込み式の降着装置が第一次大戦時に実用化されなかったのには理由がある。技術的なこと以前に、当時の飛行速度が時速180キロ前後だったため、脚の空気抵抗が減ることより、複雑な機構に伴う重量増加によるデメリットの方が大きかったからだ。

第一次大戦の末期に登場した双発の大型重爆撃機「ゴータG・Ⅳ」を見ると、想像以上にタイヤが大きい。この飛行機は重量が3・6トンもあるため、細いタイヤでは整地されていない飛行場で地面にめり込んでしまうのだろう。

このゴータという大型機は、第一次大戦機のなかの「最後の飛行機」という感じが、私にはする。その後のさらなる技術革新によって、この飛行機の存在はたちまち顧みられなくなってしまうのだが、そのような〝陰り〟のようなものが、第一次大戦に登場した飛行機には総じて見受けられる。

図体の大きなゴータは英国空襲の主役となり、ロンドン市民を恐怖に陥れたのだが、舞台から消えて行く様はそれゆえ余計に寂しげで、私がこの飛行機を好きとする理由でもある。

搭載武器の登場

第一次大戦では航空史上初めての空中戦も行われている。だが、その実態は搭乗員同士によるピストルの撃ち合いだったという。飛行速度は時速190キロほどで、しかも相手の表情さえわかるほどの至近距離だった。まさに人間と人間の戦い、空の白兵戦である。両者は飛行機を墜とすことに必死だから、敵のエンジンを狙う。弾丸が切れたらレンガを投げ、当たり所が悪くて実際に〝撃墜〟したこともあったようだ。

それがだんだん飛行機の速度が上がってくると、敵パイロットを目視できるほど接近しなくなるため、その相手がどのような人物かなど二の次になる。使う武器も短銃からより大きな火砲へと発展してゆくことになり、騎士道精神にあふれた戦いは、相手の「生命を奪う」ことが目的の「殺戮」へと徐々にエスカレートしていったのだ。

それに伴い、戦闘機に搭載される機関銃もまた進化してゆく。銃座は操縦席の前に据え付けるのだが、自分のプロペラを撃ち砕くことなく、その回転に機銃の発射タイミングをシンクロさせるうまい方法を考えた。

その機銃の調整をしている様子を撮った短い記録フィルムを見たことがある。テストベッド（試験台）で実際に撃ってみて、プロペラに当たらないか、そしてきちんと狙ったところに弾丸が集束するかどうかを一機ずつ調整したのだろうと思うと、それはまことに大変な作業だったはずだ。

戦争が推し進めた航空文明

第一次世界大戦が終わったとき、いったい何が進化したかというと、それは「旅客機」だった。

欧州戦線では、1917年にドイツの「ゴータG・Ⅳ爆撃機」がロンドン空襲をする一方、戦後の1919年になるとフランスのアンリ・ファルマン機がロンドンを飛び立ちドーバー海峡を横断してパリへ到達し、定期航空路を開拓した。

まだエンジンは重くて非力だったが、軽量小型で高い馬力を持つエンジンが開発されれば、たくさんの人間や荷物を運ぶことができるようになる。航空機の平和的な利用を盛んに模索するようになったのだ。

戦争によって航空技術は凄まじい勢いで進歩した。当初、その技術は戦いのためだけに集約されたのだが、少し目先を転じればたちまち人間の生活を便利にする。そしてそれはやがて「航空文明」にまで高められることになったのだ。

太平洋戦争後に生まれた日本人で、特に航空に興味がなければ、飛行機といえば旅客機しか脳裏に浮かばないかもしれない。自衛隊が使っている飛行機は何かと問われ、すぐに機種名を答えられる人はなかなかいないだろう。平和な時代のことだから、それはそれでいいと思う。

だが、できれば一旦「戦う翼」のイメージを忘れて、飛行機の面白さをもっと感じとってくれたら良いのになと私は思う。プラモデル作りは、人類が築いてきた航空技術の歴史を一部ではあれ覗き見ることができるし、そのプラモ作りがきっかけとなり、さらに深い興味へと発展することもあるだろう。

自分の好きな分野に読者の皆さんを強引に引っ張り込もうとしているように聞こえるかもしれないが、同じ機種のプラモでも多くのメーカーから発売されている機体があり、それらを作り比べてみると、よりその飛行機の理解が深まるのは事実なのだ。

とはいうものの、第一次大戦の複葉機たちは、第二次大戦機ほど私の身に染みてこない。その理由は、プラモデルとなる機種が限定的で、零戦など第二次大戦のころの機体のように種類が多彩ではなかったことにある。

しかもそれに加えて工作が難しいときている。複葉機なので上下の翼を支柱でしっかり重ね合わせ、なおかつ翼同士を歪みなく細い張り線で繋がなければならず、少しばかり高度な工作技術が必要なのだ。

翼自体の塗装もひと工夫が必要だ。あくまでもあの時代の飛行機の主翼に使われていたのは金属ではなく「羽布《はふ》」という丈夫な布だったから、プラモにも本物の羽布を使ってその翼にドープ（ラッカー系透明塗料）を吹き付けることになる。

逆光だと翼が透けるほど薄い羽布なのに、そこにベタッと迷彩塗装をしてしまっている作品を見るとがっかりする。プラモデルであの質感や味がなかなか出せないのが実に悔しいのである。

岩谷時子さんに贈ったソッピース・キャメル

第一次大戦機のプラモデルというと、作詞家で詩人の岩谷時子先生にプレゼントしたソッピース・キャメルを思い出す。

岩谷さんは日本の高度成長期に歌謡曲を次々とヒットさせた名作詞家である。ザ・ピーナッツの「恋のバカンス」、加山雄三の「君といつまでも」、ピンキーとキラーズの「恋の季節」、郷ひろみの「男の子女の子」などのほかにも、数え切れない名曲の歌詞を書いておられる。

しかし岩谷さんと言えば、私には何よりも、越路吹雪さんとの関係が思い起こされるのだ。岩谷さんは「愛の賛歌」など越路さんのヒット曲のほとんどの訳詞を手がけているが、自ら「越路のマネージャー」と仰るくらい、二人はお親しい間柄だった。

私が劇団四季時代に越路吹雪さんのリサイタルの舞台演出助手を務めたときのこと。そのリサイタルの合間に、越路さんが岩谷さんのことを嘆いておられた。

「あの人、詩を毎日変えるのよ。今日も『あそこが合わない』、『ここがちがう』って言ってまた変えたの」

「音楽に（詩が）乗っていないから」というのが岩谷さんの理由だったようだが、私はそのお話を伺い、そんなにスッと詞を変えることができるって逆にすごいことだなと感じた。

私が岩谷さんと知り合ったのは、１９６９年に「海　空　大地」というイージーリスニングと朗読のレコードを録音したご縁からだ。今でいうリラクゼーション、環境

岩谷時子さんとソッピース・キャメル

音楽の走りである。米国の詩人がアメリカで制作しヒットしたものを岩谷先生が翻訳し、それを私が朗読するというものだった。

その録音のときも、岩谷さんが普段から何を心がけていらっしゃるかを痛感した。ソッピース・キャメルという英国の複葉戦闘機をめぐる話は、そうした岩谷さんの感性にもつながりそうなエピソードなのだ。

「海　空　大地」の録音の打ち合わせで、岩谷さんと空のことについてあれこれお話ししていた。岩谷さんから、「海は波の音というイメージがあるけれど、空の音ってなに？」と問われ、私はこう答えた。

「飛行機の音って、意外に好きなんですよね」

するとと岩谷さんは呆れたようにこう仰る。

「夢がないわねぇ。やっぱり渡るそよ風とか、よくいうでしょう」

「なるほど、それもすごくいいんですけどね。寂しい気がするんです」

すると岩谷さんから、

「飛行機が好きなの?」

と訊かれるままに、

「ええ、大好きなんです、飛行機の模型が」と答えた。

そのまま録音に入ってしまい、その話はそれで終わったのだが、私は一週間後の次の録音までにソッピース・キャメルを作ってプレゼントしようと思ったのだ。きれいに色を塗って、二枚の主翼の間の張り線こそめぐらせなかったが、私は一生懸命作った。そして箱に詰めて岩谷さんに差しあげると、岩谷さんはたいそう喜んだ。

「これテーブルの上に飾ろうかしら、こういう飛行機はきっと可愛い音を出すんでしょうね」

そう仰る岩谷さんに私はこう言った。

「そうなんですよ。第一次大戦の飛行機の音はきっと可愛かったと思います。いま先生が感じられる飛行機の音って、爆音という感じでしょ？」

「そうよ。あんなの大嫌い」

岩谷さんがそんな話をされたのも、やはり第一次大戦の歴史や古めかしい飛行機の時代を知っておられたからかもしれない。岩谷さんは２０１３年に97歳でお亡くなりになった。今となってはご本人に確かめようもないのが残念だが、岩谷さんがイメージとしてお持ちで、そしてソッピース・キャメルという飛行機が活躍したような頃は、人間の感性と飛行機のリズムが一致するような、そんな時代だったのだ。

それゆえ、岩谷さんはだれよりフリーな考え方や感性を持っておられたのだと思う。ソッピース・キャメルをお見せしたとき、私は「第一次大戦のときの飛行機です」と言った。兵器そのものを嫌う人が今よりもっと多い時代だったが、岩谷さんはそれを素直に受けとめた。作詞家らしく、やはり感性の受容度の広い、柔軟な方だった。

零戦の悲哀

島国の日本は太平洋戦争の緒戦となった真珠湾奇襲作戦で、その機動力を海軍の航空母艦に頼った。それは人類の戦争の歴史のなかで、空母を大々的に使った初めての

零戦22型と座席の軽量穴

作戦だった。

しかし空母の存在を抜きに大海原を渡る航空作戦を考えたとき、どうしても飛行機には航続距離が必要となる。燃料増槽タンクを付けて300キロ。中国大陸の奥地まで飛んで帰ってくる、あるいは台湾・フィリピン間の洋上を無給油で往復できる戦闘機、それが零式戦闘機だった。

そのために設計陣は、「徹底した軽量化」に迫られ、少しでも重量を減らそうと腐心した。そのシンボルともいえる工作の痕跡が「軽め穴」で、戦後忠実に復元された実機を見ると、金属の肉抜きのための丸い穴が座席シートなどにいくつも空いている。

プラモデルでこれが再現されているのがタミヤのキットだ。それを見ても、「こんなところにまで穴を開けて削ったのか」と驚く。翼の中で縦横に走る桁などの構造部材にも、そういった軽量化の痕が見てとれるからだ。

このためどうしても搭乗員を敵の銃弾から守る「防弾」などという重要なことが疎《おろそ》かになってしまい、実際の戦争になったときには、「飛んで行くことはできるが、一発当たればすぐ墜ちる」という事態に陥るのだが、当時の海軍のパイロットはそれも覚悟の上のことだったのだろう。

つまりプラモデル作りによって学べることは、意匠デザインの変遷だけではない。その根っこにある「技術思想」、あるいは「戦争観」や「国家観」にまで及ぶと思うのだ。

零戦にしても、その影響があった。プロトタイプの「十二試艦戦」に始まり、六四型まで14の派生型を数えた零式戦闘機は、あの当時としてはやはり非常に斬新な考え方の飛行機だった。初飛行は1939（昭和14）年4月。その翌年には早くも実戦に投入されている。

全金属製で引き込み脚を採用しただけでも素晴らしいと思う。しかし最高速度500キロ以上のスピードを持ち、2000キロから3000キロの距離を飛ぶこの零戦も、第二次大戦の開戦までには、技術的には米国にほとんど追いつかれていた。

真珠湾攻撃からわずか3か月後の1942年3月には、米国最高のレシプロ戦闘機といわれる「P‐51マスタングMk1」が欧州戦線に投入されている。最高速度は約570キロと、零戦二一型の約533キロを遥かに上回っている。零戦の技術的なアドバンテージがなくなるのは時間の問題だった。

つまり日本は零戦を超える主力戦闘機を開発することができず、14の派生型で凌ぐほかなかった。それこそまさに致命的だったと思うのだ。

とはいえ、零式戦闘機は日本のみならず世界の航空史のなかで特筆すべき名機であることは誰もが認めるところだ。それを踏まえて、もしプラモデルを作るのなら、零戦のなかでもっとも活躍した二二型を作ってみるのが良いと思う。

かなり以前、この二二型を作って他の型の零戦と並べてみたことがある。当時のプラモデルは今ほど完璧ではなかったが、二二型は非常に誇りある姿をしていて、「これぞ零戦」という、流麗なラインでできているのに対し、後に登場した五二型のほうは、さらなる制約や要求が課せられているためか、心なしか「世知辛い」形になってしまっていて、どこか寂しげである。

プラモデル業界に初めて零戦が登場して以来、実は長いこと五二型が人気の主流だった。当時は、「最新型の零戦」であることが売りだったのだが、型式としては最も後発であっても、およそ最優秀とはいえない。あの海軍の撃墜王・坂井三郎さんも、「二二型がいちばん良かった」と言っている。そんなことから、まったく操縦などしたことのない私が見ても、二二型には品位や誇り高いものを感じるのだ。

こと戦闘機については「美しさ」や、この「誇り」を感じさせる気配のようなものがとても大切だと思うのだ。

私が偏愛する夜間戦闘機

私にとってドイツ、ハインケル社の「Ｈｅ２１９　ウーフー（Ｕｈｕ＝ワシミミズク）」は特別な意味を持つ大好きな飛行機である。これはイギリス空軍の夜間爆撃機を迎撃すべく開発された、双発二人乗りの夜間戦闘機で、レーダーを搭載していた。

ウーフーのスタイルはずば抜けて斬新だ。細い胴体の飛行機を作らせたらドイツにならぶ国はないが、双発エンジンなのに操縦席に座れる場所がなくなってしまうのではないか、と訝《いぶか》しむほど細くしてしまった。

操縦席の前面の大きなガラス窓がある。そこにはひどく革新的な技術が施されてい

He219と石坂さん「ウーフーフ、フ、フ」

る。

実はこの風防は三枚構造になっており、真ん中の防弾ガラスをサンドイッチしている。ところが敵に応戦する段になると、風防の下から新たに防弾ボードがせり上がる仕掛けになっており、そうなると外はまったく見えない。視認できるのは照準器のみとなるのだが、そもそもこの飛行機は夜間戦闘機だからそれで構わないという考え方なのだ。

ウーフーの操縦士たちの手になるいくつかの戦記には、敵爆撃機をどのように迎え撃ったかの記述がある。それによると、夜間に出撃して斜め銃の射撃をするのは操縦士の役目であって、後ろにいるもう一人の搭乗員は火器の操作にかかわることなく、ひたすらレーダーの画面を見つめ続けている。そして敵を発見すると、「上空何メートルにいる」と指示し、パイロットはそれに従い襲来した英国機の下方へと機体を潜りこませる。

敵は大型爆撃機の「アブロ・ランカスター」である。ウーフーに気づけば当然撃ってくるのだが、ウーフーの銃座は前後または腹部にあるため、パイロットは応射に備えて防弾ボードを引き上げ、その真ん中に空いている穴から照準器を覗き、ババババッと射撃する。これがウーフーの迎撃パターン。

ちなみにこの飛行機には緊急脱出用の射出座席があるが、前席と後席を一体化して作ってあるため、2人同時に飛び出す仕掛けになっている。しかし無傷で生還できることは稀で、たいがい重傷を負っている。それでも飛行隊に復帰してまたウーフーに搭乗しているのだ。日本のように機体が被弾したらもろとも死んでしまうようなことはなかったのだ。

B-52爆撃機の威容

私にとって忘れられないのは、「ボーイングB-52ストラトフォートレス」という

黒煙モクモクB-52

巨大爆撃機である。私が初めてこの飛行機を見た当時は、まだベトナム戦争の真っ最中で、沖縄の嘉手納基地から北ベトナム（当時）まで直接爆撃するなど、いわゆる、「北爆」の象徴的な存在だった。

このB‐52に私が出くわしたのは、沖縄ではなくグアム島である。しかも一機や二機ではなかったこともあって、その印象はまことに強烈だった。

それは1960年代末のこと。グアム島にはコマーシャル撮影でたまたま訪れた。今でこそグアムに配備されているB‐52だが、当時まだベトナム戦争の最中だから嘉手納基地を本拠としていた。ところが訪れた時期は台風シーズンのただ中で、まさに沖縄に上陸しようというタイミングだった。我々がいたグアム島のアンダーセン空軍基地に飛行隊がもろとも大挙して飛来したのは、その台風避難のためだったのだ。

私たちが投宿していた小さなホテルは、偶然にも基地への着陸進入路の真下とあって、あの大きなB‐52が嬉しいくらい低く間近に見えるのだ。

下からでは機体上面の迷彩塗装は確認できないのだが、下面はすべて真っ黒に塗り込まれていた。とにかくデカいのなんの。乗員は五名だが、全長48メートル、翼幅にいたっては56メートルもある巨体である。それが離陸して、そして降りてくる。

当時のB‐52のエンジンはモクモクと真っ黒な排気ガスを吐き出していた。その轟音とも相まって、その迫力に、思わず「すげえなぁ」と口について出たほどだった。

しかし下から見上げているだけでは悔しいので、CM撮影の合間にアンダーセン基地にまで見物に出かけた。柵の外からではあるが、やはり何十機も並んでいるのは壮観の一語に尽き、ため息しか出なかった。

それにしても、空襲を受けた当時のベトナムの人たちは、このB‐52という飛行機をどんな思いで見上げていたのだろうか。

私も太平洋戦争中に空襲を体験しているが、あのときのB‐29の爆弾搭載量は最大でも5〜6トンにすぎない。それでさえ地上はあの惨状だったのだから、果たして20トンもの爆弾を積めるB‐52がもたらす災禍はいかばかりかと、暗い気持ちになった。

この第二部の冒頭でも述べたように、私には戦争中のあの地上の惨劇と、B‐29の銀色に輝くスマートな形状とがどうしても結びつかない。我ながらその辺がまったく不思議なことなのだ。

他方、B‐52の実物を見ると、その威圧感においてかつて私たちのはるか上空を飛んだB‐29とは段違いだった。八発ものジェットエンジンを翼にぶら下げ、その轟音もさることながら、やたらに主翼の長い不気味にアンバランスな構造にも圧倒された。後にジャンボジェット（B747）を見たときよりもショックは大きかったように思う。

そういえば何年か前、私が率いるプラモデルクラブの「ろうがんず」の会員たちで、1／100のジェット機を作って並べたなかにB‐52もあったのだが、その大きさを感じ、グアムで初めて実機を見た思い出も蘇ってきた。

B‐52を製造したボーイング社は、御承知のように旅客機を多く作っている。次はその旅客機の話をしよう。

二　空を旅する飛行機たち

より速くより多く

たくさんのお客さんを乗せて速く、遠くへ、そしてなによりも安全に飛ぶことが旅客機の役割である。だが、それとは別に、飛行機が輸送に使われ始めたその昔から、「空を旅する夢」というものがあった。

最初は郵便飛行の時代に遡る。フランスの作家であり飛行家でもあったサン・テグジュペリが描いた郵便機の世界は、用途としてもっとも単純で理解しやすい手段だった。飛行機はどの運搬手段よりも速い。それゆえ、高い金を払ってでも急ぎの信書や物品を預けようというニーズが生まれた。

アメリカの西部劇でいえば駅馬車のような存在だろう。アメリカではその郵便飛行機によって商業飛行の時代が始まり、やがて有償で人も乗せるようになる。運ぶものが郵便物というモノから人へと変わることで、それにまつわる様々な装備が必要となり、今の機体に近づいていったのだ。

エンジンの発達もあったし、日ごとに進化する航空技術を応用して設計力も向上してゆく。大きな馬力のエンジンで多くの人やモノを積んで速く飛ぶことを求められ、さらに機体は大型化する。材料と製造技術も進化し、そうそう歪むことのない頑丈な構造の機体も作られるようになっていった。

しかし、そういう機体へと発展させてゆく流れになったとき、いちばんのネックとなったのは、ほかでもない、パイロットだった。

風を感じて飛ぶ操縦士

その頃の飛行機の構造は、荷物を機体の後部に納め、パイロットは風防ガラス一枚を前に立てただけで、首から上は外気にむき出しだった。だが設計技師にとってその存在は邪魔な空気抵抗である。このため操縦席を機体の中に納める構造にしようとしたのだが、操縦士たちはこれを嫌がった。この一事はパイロットと飛行機の間柄を考えるうえで、とても面白いエピソードだと思う。

パイロットたちの集まりである当時の「航空機操縦士協会」は、コクピットを機内

風を感じて飛ぶ時代の旅客機パイロット

に入れてしまう新しい設計について、こう反発した。

「操縦とは顔で絶えず風の方向を探りながら飛ぶものだ。機体の中に入ってしまったらなにも感じ取ることができない」

昔の旅客機の写真を見ると、荷物だけではなく乗客がキャビン内に七、八人乗っているのだが、パイロットは胴体の上で外気に顔をさらして乗っている。それは一見して、

「オレがこの飛行機の操縦をしているのだ！」

と、パイロットの権威らしきものを誇示しているように見えなくもないが、要するにその時代の飛行機は、

計器を見るのではなく、「風を感じながら飛ぶもの」だったことがわかる。人と飛行機との関係は、実はその頃がもっとも寄り添っていたような気がするのだ。

一時的にせよ、技術者とパイロットの、そういった対立もあったが、その頃から、長距離飛行の様々な懸賞レースが行われるようになる。大西洋単独無着陸横断で一躍世界中に名を轟かせた「スピリット・オブ・セントルイス号」の場合、操縦者のチャールズ・リンドバーグは胴体の中にいるのだが、操縦席の前面に窓がないため、離着陸のときは身体を横の窓から外に乗り出し、前方を確認しながら操縦していた。

長距離飛行へのムーブメントが、さらに世界一周飛行の挑戦へと発展するに従い、機体はより大型化してゆく。この時点で操縦士はついに完全に胴体の中に引っ込まざるを得なくなるのだが、外気にさらされていた頃から今も変わらず「コクピット（闘鶏場）」と呼ばれ続けているのは、小さな柵の中で戦う鶏たちのごとく、パイロットにとってそこは戦場のような場所であるからだ。

胴体の左から搭乗する理由

こうして旅客機の長距離飛行の時代が幕を開けるのだが、豆知識を一つ。

乗客が搭乗するとき、昔から機体の左側から入ることになっている。これは軍用機も同様なのだが、左側になった理由をご存知だろうか。

実はこれは大洋航路の客船も同じで、原則として左舷側から乗船している。旅客機は、そういった船における慣習に倣っているのだが、では船はどうして左舷から乗船するようになったのだろうか。

ヒントは「右舷」と「左舷」の英訳にある。

左舷は「ｐｏｒｔ」、右舷を「ｓｔａｒｂｏｒｄ」と言うが、「ｐｏｒｔ」は港の意味だから港側。では「Ｓｔａｒｂｏｒｄ」は何かというと、直訳すれば〝舵板〟である。かつて造船技術がまだ拙《つたな》いころ、船の方向を操る舵が船尾の右側にあったことに由来しているのだ。

右側に舵があるから、舵の損傷を避けるため港の岸には左舷を寄せることになる。船を左に曲げる「取舵《とりかじ》」はポート、右に曲げる「面舵《おもかじ》」はスターボードになるわけだ。

ついでにもう一つ、取舵と面舵の語源だが、これは干支の十二支が指ししめす方角からきている。左（西方）の取舵は「酉《とり》の舵」、右（東方）の面舵は「卯《う》の舵」が言いづらいことから「面舵」になった。以上、知っておくと楽しいウンチクである。

飛行船から旅客機へ

さて、俳優の仕事を始めた私は、やがて海外ロケも経験するようになり、必然的に旅客機の搭乗機会は増えた。今では毎年夏と冬にオーストラリアに出かけるのだが、これが恒例の旅客機体験ということになろうか。

海外で手に入れた一冊の分厚い本がある。とても豪華な装幀で、エアラインの歴史をかつての美しい写真やイラストを多用しながら紹介している。

時間があるとその本をぱらぱらとめくるのだが、今では「キャビン・アテンダント」と名を変えたスチュワーデスも、最初は機内で気分が悪くなった人たちのケアをする女性看護師だったことがわかる。その彼女たちの制服の変遷もさることながら、客室の内装の移り変わりの歴史もまた興味深い。

今やキャビンに個室すら登場する時代だが、黎明期の座席は籐で作られている。実はこの籐製の座席は、ドイツの巨大飛行船、「ツェッペリン伯号」（1928年初飛行）のキャビンが元となっているようなのだ。

巨大飛行船は残念なことに、定期航空路線へと本格的に乗り出す前に爆発事故を起こし、航空史からその姿を消してしまったが、旅客機の内装は、この飛行船の設《しつら》えが基本になっている。当時、水素で浮力を得ていた飛行船である。そこで籐製の椅子が使用されたのは、何よりも軽くて堅牢だからだ。空中に浮かび上がるため、どれほど軽量化に腐心していたかが分かる。

もちろんそれらは私が生まれる前のこと。知識で得た飛行機の歴史とは別に、私と旅客機との間柄について振り返ると、あれこれいろんな出来事を思いだす。

戦時中から終戦直後にかけて、日本の空は軍用機しか見かけない状態だった。しかし模型少年だった私は、手のひらに載る小さなヒコーキを通して旅客機を知った。たとえばボーイング社が製造した最後の大型プロペラ機、「ボーイング377 ストラトクルーザー」のソリッドモデルは、きちんと組み立てると二階建てだとわかる。上階は寝室だったという大型機で、そのストラトクルーザーの世界一周便が太平洋に不時着したときは、日本でも大ニュースとなった。

それは1956年10月のこと。場所は北太平洋のハワイと米本土のちょうど中間水域。事前に飛行不能の連絡を受けた沿岸警備隊が着水予定の海面に消化剤を撒き、それを目印にパンアメリカン航空の006便が不時着水したという事故で、30数人の乗客と乗員は全員無事だった。

B377もマリリン並みのグラマラス・ボディ？

マリリン・モンローの新婚写真

そのストラトクルーザーが初めて日本に来たときは、「B29の改造機」と話題になった。爆撃機を輸送機に改造するために細長い胴体を上下に膨らませたようだと言われた。たしかに翼は似ているかもしれないが、胴体はあのスマートなB29とは似ても似つかない。私にはどうにも違和感が拭えなかった。だがそのぶん、あの飛行機は個性が強かった。丸い機首を見ていてふと思い出すのは、映画「2001年宇宙の旅」である。客を乗せた月着陸船はあのようなズングリしたデザインだった。

映画つながりで言えば、あのストラトクルーザーはマリリン・モンローと大リーガーのジョー・ディマジオ夫妻が新婚旅行に利用した旅客機で、日本にはその旅の途中となった1954年2月1日に立ち寄っている。

当時のニュース映像で、羽田空港にやってくる海外の有名人の様子をよく見たが、スターたちのアップばかりで飛行機があまり写らない。もっとカメラを引いてくれたらいいのに、などと勝手なことを思ったりしていた。ビートルズの来日のときも、乗ってきたDC‐8の機首が少し写るくらいだから、飛行機好きとしては不満が残る。

実はモンローとディマジオが写った機内写真が、僕の別荘の一室に飾ってある。撮影したのはパンアメリカンの乗務員で、「開運！ なんでも鑑定団」(テレビ東京)に写真を出品したのだ。モンローさんが何かの弾みで手に怪我をした際に、夫のディマジオさんがそこにバンドエイドを巻いているシーンだが、番組ではそのバンドエイドが来日当時の証拠となった。その後、私が出品者から落札したというわけだ。

戦後初の墜落事故

アメリカからはこうして太平洋航路の旅客機が飛来していたのだが、日本国内は1

952年にようやくGHQによる航空禁止令が解け、民間航空は再開したばかりだった。

全日空は、「日本ヘリコプター輸送」と「極東航空」の合併により、1958年に発足した。保有していた運航機材は「ダグラスDC‐3」、「デ・ハビランドDH．114ヘロン」、「デ・ハビランドDH．104ダブ」の三機種で、いずれも米英のメーカーだ。オランダのプロペラ機、「フォッカーF28フレンドシップ」が導入されたのは三年後のことである。

当時、西側諸国で就航が始まったフランスの中距離ジェット機「シュド・カラベル」だが、日本の航空会社は採用しなかった。フランス製の旅客機が日本の航空会社で使われるようになるのは、1981年に就航した東亜国内航空（当時）の「エアバスA300」（欧州共同開発）が初のことだった。

戦後の日本民間航空の黎明期には、墜落事故も発生している。よく知られているのは日本航空の「もく星号」の事故だ。1952年4月9日、アメリカ製の「マーチン2‐0‐2」という四十人乗りのプロペラ双発機が羽田から大阪へ向かう途中、折からの悪天候もあって大島の三原山中腹に墜落し、乗客乗員37名全員が死亡した。

航空再開に先駆けて民間航空の営業は許されていたのだが、この戦後初の大事故によって判明したことは、乗組員のうち日本人は客室乗務員の女性のみで、操縦していたのはすべて業務委託していたノースウエスト航空の米国人パイロットだったという事実である。

墜落機には人気漫談家の大辻司郎さんや大企業の社長がたまたま乗り合わせており、事故の衝撃はことさら大きく伝えられた。このとき私は小学生だったが、マーチン2-0-2を見た記憶はさすがにない。日航は事故の直後にDC-4を導入し、そこから日本人による自主運航が始まった。

青年期ゆえの反発

こうして旅客機の名前を連ねているが、実は当時の私にとって民間航空は興味の対象外だった。あのころは飛行機になど誰もが乗れる時代ではなかったし、乗りたいという気にもまったくならなかった。私だけでなく、当時のほとんどの日本人にとって、飛行機による空の旅など絵空事だったのだ。

飛行機は好きなのに、その気持ちの一方で、当時の日本の状況では航空旅客輸送など再開したところで、どうせうまくいくはずがないという、ある意味ふて腐れたような気分が私にはあった。好きな気持ちの裏返しだったのだろうか。

だがそうはいっても当時の新聞や雑誌には向こうの旅客機関係のニュースはふんだんに掲載されているのだから、興味津々だった。旅客機の機内の構造や、制服の女性がサービスしている写真などを見て、「すげぇなぁ」などと密かに感嘆していたのだ。

制服の女性はひたすら格好いい。あの旅客機にはこんなお姉さんたちがいるのだと、当時思春期を迎えていた私も、いま思えばファッションモデルに憧れるのと同じ感覚で彼女たちを見ていたのだろう。

ところが、その〝青春の季節〟の複雑さも手伝ってか、そんな旅客機の世界はオレには関係ないとばかりに、航空雑誌で軍用機の写真を見ては友達と一緒に機体の特徴や来歴を詳しく調べるなど、専《もっぱ》らそっちのほうが面白かったのだ。

あのころ、飛行機の未来は決して楽観できるような時代ではなかった。

日本の航空界が再開したのはいいけれど、私が成長するにつれて、海外の空軍のトレンドは、戦闘機や爆撃機を進化させることよりも、ロケットや大陸間弾道弾（ICBM）を開発拡充する方向に邁進していった。飛行機はまるで添え物のようで、このままならいずれ過去のものになるのだろうと予期させられた。

そうなると、現用機よりも第二次大戦の戦闘機の格好よさに、より惹かれるようになっていった。しかも往事の出来事や飛行機の来し方は探ればさぐるほど奥深く、若い知識欲をどんどん満たしてくれた。

私が第二次大戦機に熱中しだす契機となったのは、そんな理由からなのだ。

空港には早めに行く

さて仕事でも旅行でも、空路を利用するときは、空港には少し早めに行くことにしている。なにせ駐機場にいる様々な飛行機を眺めるのは、私にとって搭乗前の楽しみの一つだから、出発ぎりぎりに駆けつけたのではもったいないのだ。

前にも述べたが、私は地上姿勢にある飛行機が美しいと思っている。そしてそれは空港の旅客機も同様だ。出発を待つ姿、あるいは到着したばかりの旅客機が佇む様子など、地上にあるそれらすべてのシーンに私は目を奪われる。

よく、「同じ旅客機でも型が違う」とか何だとか、エンジンや装備のわずかな違いを事細かに語る、いわゆる〝マニア〟の方々がいるが、私はあまり細かいことは気にしないタイプだ。

では空港で旅客機の何を見ているのかというと、航空会社（キャリア）それぞれの機体の塗装なのだ。各社の個性はやはりそういったところに表れるし、それによって同じ機種でもちがう印象を持つものだからだ。

いまや24時間空港となった羽田では、多くのキャリアの旅客機を見ることができる。昼間、太陽の下にある機体も美しいが、誘導灯がともった夜間の空港で、駐機場の照明に浮かぶ機体もまた旅の情緒を醸しだすのではないだろうか。

ただし、プラモデルを作るとなると、旅客機は僕のなかでいささか特別扱いである。軍用機は機体が汚れていてもそれなりに見ることができるが、旅客機はきれいに作らなければならない。もし一国のフラッグ・キャリアの旅客機ともなれば、塗装をぴかぴかに仕上げる必要がある。それがなかなかの手間だし、また難しいことなのだ。それでも旅客機を作りつづけるモデラーには、チャレンジし甲斐のあるものなのだろう。

タヒチの雨漏りＤＣ‐４

日本航空のＤＣ‐４、私が生まれて初めて乗った旅客機である。

ＪＡＬは１９５２年の民間航空再開時から12年間、このＤＣ‐４を国内外の航路で運用していた。私が利用したのは羽田から大阪の伊丹空港まで。新幹線が登場する前の

オンボロ継ぎはぎ&雨漏りDC-4

ことだから、ずいぶん速かった記憶がある。

　このＤＣ－４にまつわる思い出は、その後もある。いまから40年以上前だから、初めて私が旅客機に乗ったときから10年以上経ったころのこと。所用でタヒチ諸島に行った際、ある島で再びＤＣ－４に乗ることができた。旅客機への興味は塗装にあると述べたばかりで恐縮だが、そのＤＣ－４は塗装を全部落として、ただ「Ａｉｒ　Ｔａｈｉｔｉ（エア・タヒチ）」と素っ気なくロゴだけ描かれている。

　しかもこの飛行機、よくよく見れば継ぎはぎだらけの外板である。どうしてそうなったものか、ジュラルミンの地金でピカピカ光ってはいるが、大小の金属板をでこぼこに貼りあわせてある。

そんな外観を見ればいかに飛行機好きの私でも不安に駆られる。「こんな飛行機で果たして飛べるのだろうか」などとドキドキしながら乗ったのだが、案の定、離陸してもあまり高度を上げようとしないのだ。たぶん地形を見ながら操縦する有視界飛行なのだろうが、ということは、つまりこの小さな島の飛行場には、旅客機の行方を指示する管制官がいないことを意味する。

当時はいまほど機内セキュリティが厳しくなかったこともあり、コクピットと客室を隔てる扉はなく、カーテンで仕切っているだけだ。風が吹くとひらひら、ふわふわと翻《ひるがえ》り、ときおり操縦席が見えていた。

離陸するとキャビン・アテンダントが、「今日は雲が低いから、その下を飛ぶ」とアナウンスするのだが、その彼女、タヒチ生まれのフランス人との混血だそうで、すこぶる美人だった。よくよく話を聞くと、なんと以前、東京の六本木で働いていたと言うではないか。そして屈託なくこう言う。

「やっぱりタヒチが懐かしくて帰ってきちゃった」

美人が六本木で働いていたと言うから、てっきり夜のお仕事かと思ったのだが、雑貨店に務める昼間の仕事だった。日本で接客をした経験からか、言葉遣いがやけに丁寧で、何か頼むたびに「承《うけたまわ》りました」とかしこまるのがおかしかった。

その日、DC‐4は彼女のアナウンス通りに雲の下を飛んだのだが、離陸して十分ぐらいすると、なんと客室の天井から水が落ちてきた。彼女に異変を伝えると驚きもせずにこう答える。

「すみません、雨漏りなんです」

思いがけない言葉に、「えー、雨漏り?」とオウム返ししてしまった。その日はあいにくの天候にも係わらず、管制官がいないからレーダー誘導は期待できない。雨雲の下を飛ぶほか仕方がないというのが、有視界飛行の理由だった。

雨滴が落ちてくるのには閉口したが、このDC‐4は天井が高く、広い客室を持つ堂々たる旅客機である。それからしばらく現役で飛んでいたはずだが、私がこの機種に乗ったのはそれが最後だ。

やはり「味のある飛行機」だった。いまはブラジルのエンブラエル機のような洗練された中型機に取って代わられたようだが、私にはDC‐4が思い出深い。もしかなうことなら、もう一度乗ってみたい。もちろん雨漏りのしない飛行機に限るが——。

古典旅客機Ｊｕ52

古い飛行機といえば、「ユンカースＪｕ52」に乗ったことがある。６年ほど前、ドイツのベルリンにあるテンペルホーフ公園（元テンペルホーフ空港）でのことだ。

ヒトラーの肝いりで建設されたテンペルホーフ空港は、第二次大戦終結三年後の１９４８年に、ソ連の「ベルリン封鎖」によって東西冷戦の長い歴史が幕を開けた際、その舞台となった場所である。

東西を隔てる長大な壁によって交通が遮断された西ベルリンに物資を送ろうと、１日に３００便ほどの輸送機がこの空港を離着陸した。世に言うこの「ベルリン大空輸」では、米英のありとあらゆる輸送機が駆りだされ、凄まじいピストン輸送が敢行されたのだ。

そのときにこのユンカースＪｕ52が飛んだか定かではないが、この飛行機は第二次大戦前のドイツルフトハンザ航空を代表する古典機である。私はベルリン上空をこの飛行機でぐるっと遊覧飛行した。高度は上げなかったが、地上の見物にはちょうどよい高さで、しかも窓が四角く大きいから眺めも良かった。

冷戦が勃発したときとはまったくちがう自由なベルリンの空を、しかもこのユンカースで飛ぶのは実に感慨深いものがあった。

ビール飲み放題のチェコ航空

空の旅での楽しみには、機内での飲みものがある。東欧のチェコ航空で使っているロシアの「イリューシンⅠ‐62」という機体は、タヒチのDC‐4にも劣らぬオンボロ機だった。

「これは墜ちるかもしれない、乗りたくないなぁ」

と不安を覚えつつ、でも結果的には何度も乗ってしまっていた。

なぜかといえば、ビールが飲み放題だったからだ。なにせチェコはビール発祥の地である。あのオランダのハイネケンの創業者一家だって、元をただせばチェコ人なのだ。いまや南米でも生産しているハイネケンだが、やはり私はチェコ産がいちばん美味いと思っている。まさにそのチェコのハイネケンを、イリューシン機は置いているのだ。

機内には専用の一升瓶ほどの大きさのビール・サーバーがあり、グラスを空けて待っていると、キャビン・アテンダントがその一升瓶を持って注ぎに来てくれる。だが飲み放題つきの航空チケットは結構値段が高い。
「機内ではほかのを買えないからって、こんなにボリやがって」
などと、自ら進んで乗ったことを差し置いて、私もまことに勝手なものである。

機内食の電子レンジ革命

昔の機内食は航空会社によってずいぶん違いがあった。お国柄でもあるのか、イタリアの国内便で出たスナックのような簡単な食事は、ずいぶんと美味しかったことを覚えている。

国際線のエコノミークラスでは、いまの日本の「空弁《そらべん》」ではないが、飛行機に搭乗するときに、キャビン・アテンダントからパッケージされたものを買ったことがある。飛行機の出入り口ドア近くの、新聞が置いてあるような棚に積み上げて売っているのだが、そんな光景はヨーロッパの空の旅では日常の風景だった。

このお弁当は、トレイのなかに肉と凍らせたサラダがセットしてあり、トレイをそのまま電子レンジに入れてスイッチを入れると、肉もサラダもちゃんと適温になって出てくる。乗客は紙のフタをペリペリッとめくって食べるのだが、これは後にいわゆる「TVディナー」と呼ばれるものの走りだ。テレビを観ながらソファで食べて、終わったらトレイごと棄てられる簡便さから生まれた言葉なのだろうが、さしずめ現代の「コンビニ弁当」ということになる。レンジで温めて供するアイデアは、この機内食が元になっているのではないだろうか。

電子レンジが旅客機へ搭載され始めたのは、割と早い時期からだが、空のライバルとなった東海道新幹線は、1964年の開業当時から積んでいた。

東海道新幹線も最初はテーブル席の並ぶ食堂車ではなく、ビュッフェ形式の車両だった。車両の左右両サイドにカウンターがあり、海が見える南側で注文して食事を受け取り、山側のカウンターで富士山を眺めながら喫食する。

そのうち2階建て車両が登場し、着座して食事が楽しめるようになったものの、「のぞみ号」などのさらなる高速車両が登場することによって、いまではその食堂車も姿を消した。

航空各社の食事も時代とともに簡素なものになっていった。思えば昔の機内食は豪華だった。わけても国際線は日本を出発するときのほうが圧倒的に美味い。帰りは向こうで用意される機内食なので、味は残念な感じである。野菜はもちろん新鮮なのだろうが、なにせ硬い。「こんなものをよく噛み砕けるな」というほど生硬なサラダが

憧れのコンコルドでフルコース料理

出てきたりする。

ところが日本出発便の野菜は柔らかくて食べやすい。ニンジンの千切りなど向こうではなかなか出てこない。そんなところからも日本人の細やかさが感じられるのである。

コンコルドの一流フランス料理

私の機内食の思い出のなかでも極めつきなのは、やはりなんといっても「コンコルド」にとどめを刺す。

世界初の超音速旅客機であるコンコルドは、英国とフランスが共同開発した機体だ。1969年に初飛行して以来、生産された機数は原型機を含めて20機に過ぎない。

音速の2倍のスピードで巡航する画期的な旅客機だったが、開発の遅れもあって機体価格は天文学的数字となった。またその維持整備費の高さもあって、航空各社が導入を躊躇した。100名の客席が満席でも利益にならないというのだから、旅客ビジネスとしては失敗だ。そんなことからコンコルドを購入したのは製造国の英国航空とエールフランスの2社だけだった。

私が乗ったのはニューヨーク発パリ行きのエールフランス機だったから、機内食も三ツ星レストランの「マキシム・ド・パリ」のフルコースである。テーブルクロスには店名の刺繍が誇らしげだ。最初にスープが来て、それが終わるとサラダ。次にお肉が来て、小さな魚の後にもう一度肉料理が出てくる。パンはいつでもお代わりできる。

そんな機内食だからファースト・クラスだろうと思われるかもしれないが、実はコンコルドの全客席はさらにその上の「スーパーソニック・クラス」で統一されている。料金は大西洋路線の一般的なファースト・クラスの1・7倍くらい。

ワインの種類も多く、ゆっくりと食事を堪能し、最後にコーヒーをすすって寛いでいるうちに、着陸のための降下が始まる。ニューヨークのジョン・F・ケネディ空港からシャルル・ド・ゴール空港までは、偏西風に背を押される東回りだから飛行時間はたったの三時間。あっという間である。

エールフランスとしては、コンコルドの乗客に最大級のもてなしをしてくれているのだと、私は超豪華な機内食でそれを感じることができた。

成層圏、マッハ2の眺め

コンコルドは搭乗のときから特別扱いだ。ほかの旅客機のようなボーディング・ブリッジは使用せず、駐機場の機体までバスで向かう。そして搭乗ドアの下に到着すると、バスの客席部分だけがエレベーターのように上昇し、ドアが開くとそのまま機内へと導かれる。

バスの車窓からコンコルドの姿が見えたときは感無量だった。翼の曲線や同機らしい白い塗装がニューヨークの空によく映えて、「なんて綺麗なんだ」とため息がでた。

実はコンコルドを間近で見たのはそれが最初ではない。パリのオルリー空港近くの航空博物館に原型一号機が一般展示してあり、機内に入ることもできるのだ。しかし飛行試験にも使われた機体だから、キャビンには計測用の機器がずらりと並んでおり、実際に自分がこれから乗るのだという期待を持って見るのとまるで違う。ニューヨークの空港では、さあ、これから飛ぶのだと意気込んでいるようにも見え、コンコルドが改めて美しい飛行機なのだと再認識させられたものだ。

私がコンコルドに客として搭乗したとき、客室には中東系の人が多かったように思う。当時のアラブ諸国は、石油による凄まじい経済発展のさなかにあった。座席は左右二列で100席すべて満席。私はウインドウサイドの席だったが、窓の大きさはいまのタブレット端末の「iPadミニ」ほどの面積だろうか。

だが、その小さな窓からの眺めは感動的だった。

コンコルドは最終的には、6万フィート（約1万8000メートル）もの高高度に到達する。普通の旅客機の倍くらいの高さである。それゆえ、上昇するにつれて外が徐々に暗くなってゆく。

驚いたのは、小さな窓から見た下界の景色。なんと明るい青空なのである。そして横を向くと、星すら見えようかというほどの濃紺の空である。宇宙に近い高さだということがよくわかった。

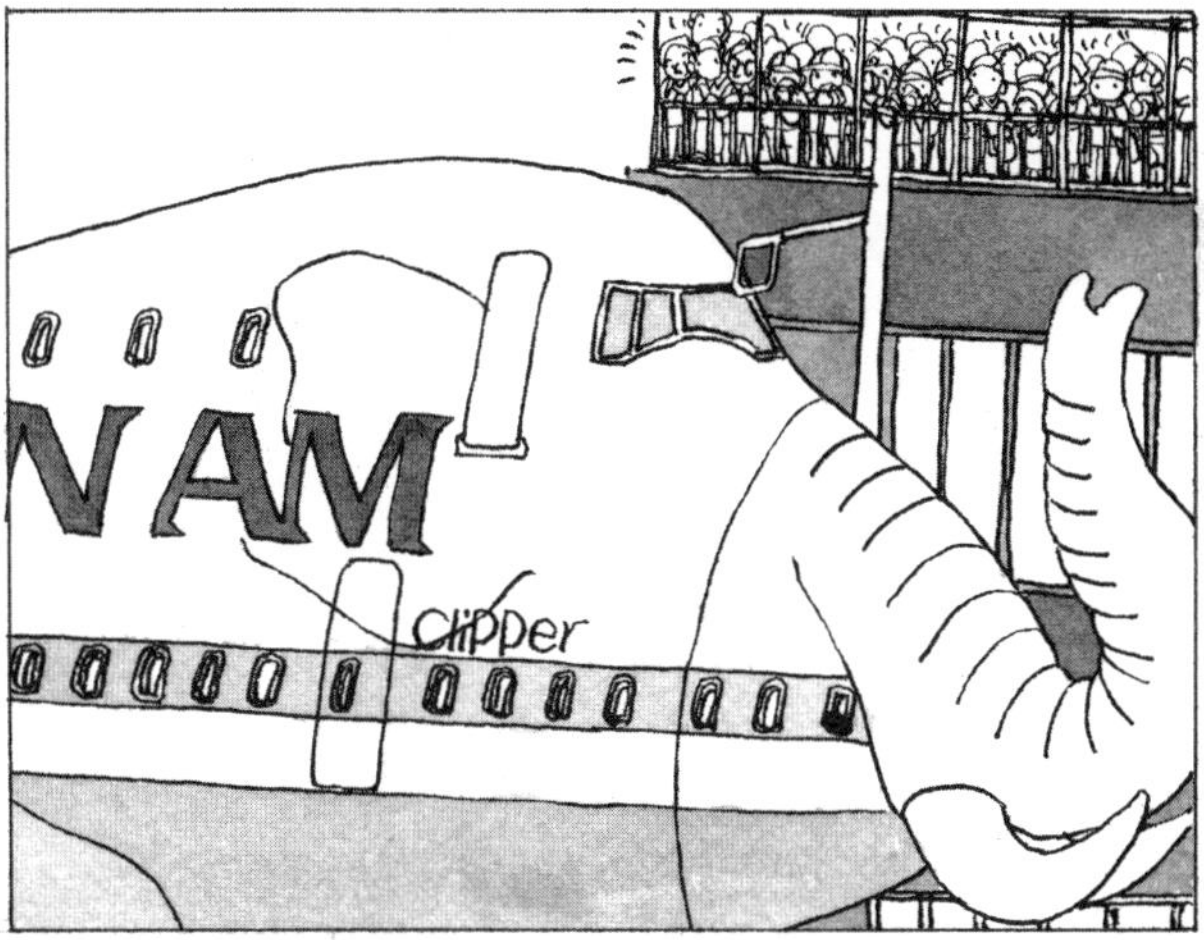

羽田に駐機するパンナムのジャンボ（巨象）

初めて見たジャンボ機の感動

コンコルドの登場は旅客機の歴史における大きなエポックに違いないが、ジャンボジェットの登場もそれに匹敵する出来事だ。

「ボーイング747型機」、通称ジャンボジェットを初めて見たときの感動は、いまも忘れられない。今はなきパンアメリカン航空（パンナム＝PANAM）はB747のローンチ・カスタマー（新型機を最初に運航する会社）で、ニューヨーク―ロンドン線に1970年1月に初就航している。日本を離発着する太平洋路線の定期便は2か月後の同年3月が最初だ。

私はそのパンナムのジャンボがハワイのホノルル空港から日本に初飛来して大騒ぎとなった日から何日か経ったころのこと、友達と話し合って羽田空港に出かけた。

「今日、羽田にジャンボがいたら行ってみよう」

早速パンナムの時刻表を調べると、羽田にいることがわかったので、その友人と2人で空港まで勇んで出かけた。行き当たりばったりだが、私はもう我慢しきれなくなっていたのだ。

実物の巨大さといったらない。「うわーっ、大っきいなぁ！」と、私たちは思わず叫んだほどだ。

当時の羽田空港の送迎デッキは、搭乗ターミナルの屋上だったので、今と違って飛行機に手が届くほど近かった。ましてや当時そこに駐機していたのがジャンボ機なのだから、それは大変な迫力である。

送迎デッキの階段を上がってゆく途中、垂直尾翼が目に飛びこんできた。その低い位置から何十メートルも向こうにあるはずの飛行機の尻尾が、ピュッと空に抜けるように見えるのだから、機体の大きさのほどがわかる。

従来の旅客機だと、その胴体は送迎デッキからやや見下ろすことになるのだが、ジャンボ機の2階席はデッキの真横にあるため、操縦席が目と鼻の先というド迫力だ。それまで海外旅行といえばダグラスDC‐8だった。それも胴体を延長した改良型の「DC‐8‐62」という細長い機体しか見ていなかったのだから、あれだけまるまると太った飛行機にはさすがに面食らった。

その頃の私は、NHK大河ドラマ「天と地と」の主演（上杉謙信役、1969年1月～12月放送）を終えたばかりで、ジャンボ機が飛来した70年からTBSの「ありがとう」が始まっている。

ずいぶんお仕事が忙しいでしょうに、よく飛行機なんか見に行く暇がありますね、などと言われたりするが、そういった時間ならばひねり出せるのだ。もちろん出演している映画かドラマによって、あるいは地方ロケかの違いはあるが、俳優は来る日も来る日もただ働いている、というわけではない。

さてジャンボジェットを一緒に見に行ったのは誰だっけと思い起こすと、ひょっとしたら「ありがとう」で共演した、岡本信人だったかもしれない。

ジャンボ機はその後、胴体の短い「B747‐SP」というタイプが登場する。垂直尾翼がさらに大きくなっているのが特徴的で、航続距離を延ばすために主翼を簡単な構造なものにし、胴体を縮めて軽量化を図ったのだが、胴体の太さはそのままだから、寸詰まりの変な形の飛行機だった。

この「ＳＰ」に私が乗ったのは羽田─ニューヨーク直行便である。それまではアラスカのアンカレジ空港に給油で立ち寄っていたのだが、ＳＰは無給油のダイレクト。飛行機は燃料を節約するため高高度の大圏航路を飛び、そろそろアンカレジかなと思うあたりで大きく右に旋回する。そしてカナダの湖水地方の上空を通過し、最後は五大湖のオンタリオ湖やナイアガラ瀑布の上を飛んで、そしてニューヨークに到着するのだ。飛行時間は12時間ほどもあるが、これはこれで楽しいものだ。

世界一周は菊田先生からのご褒美

ボーイング７４７以前の旅客機を知る日本人にとって馴染み深いのは、先に述べたように日本航空の「ＤＣ‐８」だろう。あのころのＪＡＬの飛行機にはすべて日本独自の愛称がついていた。１９６６年に来日したビートルズが乗っていたのはＤＣ‐８‐53で、搭乗機は「松島号」である。

私が初めてＤＣ‐８で海外に行けたのは、本書の第一部でも触れたように、劇作家の菊田一夫さんから思いがけなく旅行チケットをプレゼントされたからだが、そのチケットをゲットするまでの経緯を少し詳しく述べる。

東京日比谷に帝国劇場（帝劇）が落成したのは一九六六年のこと。こけら落としをしたものの、客の入りが今ひとつという状態がずいぶん続いた。菊田先生はこれを打開しようと、「マノン・レスコオ」というミュージカルを企画され、これが大当たりとなったのは先述したとおり。

菊田先生はその後、「オリバー！」というミュージカルの興行権を、アメリカから丸ごと買って上演したところ、これまた大ヒットで満員御礼が続いた。その際に、舞台の大道具など、上演に必要なものをすべてアメリカから送らせたのだが、菊田先生の説明によれば、それらの空輸に、パンアメリカン航空をずいぶん利用したので、そのお礼にと同社から贈られたのが、世界一周航空券なのだという。

パンナムの「世界一周路線」は１９４７年に開設され、当時1日1便の割合で就航していた。購入すれば当時の価格で１００万円以上していたはずだ。

菊田先生に頂戴したそのチケットを手に、喜び勇んで羽田からニューヨークへと旅立ったのは、私が27歳ぐらいのことだ。

世界一周チケットの決まり事は、出発地と最終地の両方を東京とすることが絶対の条件だった。このため東京からニューヨークへ行き、いったん東京へ戻って別の目的地に行くというコースは選択できないが、ニューヨークからロンドンへ飛び、またニューヨークに戻って別の場所へ行くのは条件内なのだ。

チケットの発券元はパンナムだが、利用する航空会社がIATA(国際航空運送協会)に加盟している国の航空会社だったら、どれでも搭乗可能だった。行きはJALのDC-8でニューヨークへ行き、そこからロンドンへ飛んだ私は、汽車と飛行機を乗りつぎ欧州大陸へ渡り、イタリアからセーシェル諸島へ、そしてそこからインドにまで足を伸ばした。

私は記憶のコレクター

その世界一周チケットで様々な航空会社の飛行機に乗ることができた。機種の数は多くはないが、日本国内では見ることのできないフランスのシュド・カラベルや、B707、あるいはB720といった旅客機にも搭乗できた。

もちろん芝居の勉強ができたことは私にとって幸運だったが、多くの飛行機に乗れることがなにより嬉しかった。たとえ乗らずとも、各国の空港に降りれば見たこともないような旅客機が駐機しているのだから、それを眺めているだけでも私には楽しいのだ。

そんな旅をしていれば、好事家ならばチケットとか機内のグッズ、あるいは自分で撮った写真など、たっぷりコレクションするのだろうが、私はあまりそういうモノを残さない。同じ飛行機好きでも、たとえば精神科医の故・齋藤茂太さんは、航空に関するありとあらゆるものを集めるなど、飛行機好きには様々なタイプがいるが、私はそもそも「旅客機は乗るもの」という気持ちが強い。記憶のなかに大好きな飛行機の姿と思い出をとどめておくことで、「佳し」としている。

その飛行機の記憶のなかで、南の島で見たB707は極上の美しさだった。

旅客機と大自然のミスマッチ

DC-8より先に定期路線に就航したB707は、その世界一周の旅行中でも搭乗する機会がよくあった。もしかすると最初にニューヨークからロンドンに飛んだのもB707ではなかっただろうか。

私にはこの飛行機をめぐる忘れられない光景がある。

文明国家の飛行場は、飛行機がコンクリートなどの人工物のなかに置かれている。

しかしサモアからアメリカ領の島をめぐったとき、それとは真反対の鮮烈な情景に出くわした。

青い海に囲まれた島でのことだ。そこは一面の樹木に覆われて、飛行場と滑走路はその鬱蒼としたなかにあるのだが、空港事務所とおぼしき建造物は椰子やシュロの葉のようなもので建てた小屋だけで、周辺も似たような建物がぽつぽつ見えるばかりである。

そんな長閑《のどか》な島に突然シューッと降りてきたのがB707だった。真っ白な胴体に一本のブルーのラインが貫き、垂直尾翼には地球を模したパンナムのロゴマークが鮮やかに浮かび上がっていた。

その光景は、まるで夢のような美しさだった。

旅客機は都会の空港よりもむしろ南の島のような自然環境の中にあってこそ生き生きしているのではないかと、私は思う。

大都市の近代的な空港を設計したのはどんなデザイナーか知らないが、どれも堅苦しいコンクリートで塗り固められている。そんながっちりしたデザインだと、飛行機本来のシンプルさが逆にかき消されてしまうように思え、私にはそこにいる旅客機たちが哀れに感じられてならないのだ。

南の島のB707はシュールな美しさ

そんな旅客機を手つかずの大自然のなかへ放つと、これはひどくシュールな感じを受ける。今まで見た旅客機のなかで、あのとき見たB707ほど綺麗な飛行機はない。それは新たな発見であり、いまだにその衝撃的な光景が脳裏に焼きついているのだ。

美しさの理由

どうして自然の中にいる飛行機が美しいのか、もっと掘り下げてみよう。

飛行機が空を飛ぶ基本的な原理は、自然の摂理に基づいている。もちろん、エンジンなどは人間が作ったものだが、その推進力によって翼に発生する揚力は物理の法則だ。すなわち、装飾過剰なデザインを施した飛行機はまともに飛ばなくなってしまう。飛行機の形はシンプルさが命なのである。

そう考えれば、飛行機は南の島のような大自然の中にいる姿がやはり最もふさわしいと思うのだ。だから、それこそ北京空港のようにスモッグの空ではなく、やはり澄んだ大気と透明な海がひろがる場所で、そこにぴかぴかの純白に塗った飛行機が降りてきたら、それは惚れ惚れするのも当然なのだ。

世界一周旅行で何回飛行機に乗ったとしても、ただ乗客として席に座っていただけでは、「形として」飛行機を外から見ることができない。しかし大自然に囲まれた地上から改めて飛行機を見たときに、「なんてきれいなんだ」と思った。

ああいうほとんど人のいない島を軽飛行機がのんびり飛んでいるだけで、それは景色としてずいぶん似つかわしい。

私は毎年オーストラリアのグレート・バリアリーフのなかの島を訪れるのだが、そこで飛んでいるのは何人も乗れない小さな飛行機である。飛行場が狭く、滑走路が短いからぎりぎりに降りてくるのだが、実に格好がいい。「こういうところが似合うよなぁ」と、見るたびに思う。

数ある航空会社の魅力的な塗装のなかで、先述したように私はやはりパンナムのB707の美しさが飛び抜けていると思うが、写真を見ただけで判断するなら、タヒチを飛ぶエールフランスのスーパーコニー（ロッキードL1049スーパー・コンステレーションの愛称）の色の塗り分けもまたすばらしいと思うのだ。

主翼と尾翼の表裏、そして胴体の乗客窓から下の部分はすべて銀色なのだが、窓から上だけは純白である。そして白と銀の境には機種から尾部まで緩いS字の青ラインが引かれ、その線の上辺にこれも青文字で「AIR　FRANCE」とだけ記されている。じつにシンプルでおしゃれで、いかにもタヒチの海に似合いそうではないか。

「B727」と「B737」

飛行機に乗ると、離陸滑走から空中に浮かんで数秒後に、床下から脚を引っ込める音がする。三発エンジンの「ボーイング727」は、脚をしまってからが本領発揮だ。そこから上昇してゆく角度がすごいのだ。乗っていて「大丈夫かいな」と不安になるほどの上昇性能なのだ。

着陸のために降下する727もまた強烈だ。それは地上の見え方が一変するほど一気の沈下率である。その凄まじい降下の後、スーッと滑走路にランディングするのだが、あれはフラップ（高揚力装置）が優秀だからだろう。

その後に乗った双発の「ボーイング737」もまた、すごい加速力だ。背中を押される速度感は、もしかしたら727より上かもしれないと思わせる。上昇しながらさらに増速してゆく感じは旅客機らしくない力強さだ。

この二つの飛行機が主に活躍するのは近距離路線である。国内で飛ぶことを主眼に置いていたので、離陸したらすぐに着陸準備をしなければならない。たとえ近距離でも効率的に飛ぼうとするなら、一刻も早く空気の薄い高度まで上昇し、そしてスロットルを絞って燃料を節約するのが得策なのだ。高度の低いところは空気密度が濃いから抵抗が増して燃費が悪化する。良好な燃費を稼ぐためには離陸後にすかさず急上昇し、着陸の際には急激な勢いで降りるというのが理想的ということになる。

両機を比べると、B727は機体の尾部に三発のエンジンを集めるなど、アイデアとしては斬新だが、機体構造が複雑となる。改良型を作る余地があまり残されていなかったうえ、全日空による二度の大事故（1966年2月の羽田沖墜落事故、1971年7月の航空自衛隊機との雫石衝突墜落事故）もあって、日本国内からは姿を消した。

これに対して今も日本のローカルエリアを飛ぶB737は、727と違って翼下にエンジンをぶら下げるオーソドックスなデザインだから、時代の要請に合わせてより加速と燃費の良いエンジンに積み換えることが容易だった。

主翼はエンジンの重さに耐えられるように頑丈にできているし、胴体だって延長できた。727とちがって進化する余地が大いにあったのだ。こうした基本的な設計の違いが両機の寿命を決定づけたと言ってもいいだろう。

女性に優しいB787

全日空や日本航空が国内外の路線に就航させている、「ボーイング787 ドリームライナー」という飛行機の革新性については、もっと一般に知られて良いように思う。就航当初、バッテリーにまつわる事故が頻発し、肝心の良さがちっとも伝わっていないように思われて残念である。

この機体の一番の特徴は、主翼をはじめとする機体素材の大部分に炭素繊維複合材料（CFRP）を使用していることだ。そのために従来機と大変な違いが生まれた。軽量化によるスピードと燃費の向上もさることながら、画期的なのは加湿器を標準装備することによって機内の湿度を上げられるようになったことだ。

髪つやつやで女性にも優しいB787

海外旅行の際になど多くの方が経験していると思うが、今までの旅客機の機内はカラカラに乾燥していて、海外便の長時間フライトともなると鼻の奥が痛くなるほどだ。風邪をひいている人など、気の毒にもマスクをして自分の呼気で加湿する始末だ。

ではどうして従来の飛行機では機内が乾燥していたか。それは機体の構造材に金属を多く使っていたため、「錆びないように」徹底除湿していたのだ。ところがB787では金属の代わりに腐食性に優れたCFRPを多用しているため、除湿の必要がなくなったのだ。

事実、乗ってきた女性いわく、「髪

の毛のツヤがぜんぜん違う」そうだから、旅する女性にとっては朗報となる。しかも夜間飛行をともなう国際長距離便だと、従来機では目覚めたときに息苦しい感覚があるのだが、Ｂ７８７にはそれがまったくなかったというのだ。

長時間機内に閉じ込められている乗客にとって、湿度が適切に保たれているのはわずかなことに見えてとても大事なことだ。良好な居住性が実現されたのは、技術革新があってこそ、なのだ。

このＣＦＲＰは今後もっと機体に応用されるだろう。実はこれの元となる炭素繊維を製造しているのは日本の東レで、これを使って三菱重工がＢ７８７の主翼を一括生産している。ボーイングにとって、飛行機の主要部品である主翼の生産を海外企業に任せるのは初めてのことだ。

いま、愛知県の中部国際空港に行くと、名古屋近辺で製造された７８７の主翼や胴体部などを、ボーイング社の最終組み立て工場まで運ぶ飛行機を見ることができる。巨大な胴体を持つその輸送機は、「ボーイング７４７ＬＣＦドリームリフター」といい、しょっちゅう飛来している。

ジャンボ機を元にさらに胴体を太く改造した機体で、サウスカロライナ州の「ノースチャールストン工場」やワシントン州の「エバレット工場」まで運んでいるようだが、エバレット工場には「メイド・バイ・ジャパン」と書いてあるという。

アメリカ側も日本の技術が多用されているとはあまり積極的には言わないようだが、日本製品が多く使われ、しかもこの飛行機は設計段階から全日空が深く関係し、ローンチ・カスタマーとなっているにもかかわらず、それを知っている日本人は少ない。

そういえば先日、B787の初号機がボーイング社から「日本で展示してくれ」と、中部セントレア空港に送られてきた。記念すべきこの機体を雨ざらしになどせず、どうかうまく保存してほしいものである。

巨人機A380に乗る

近年の旅客機のなかで圧倒的な存在感を放つのは、やはり「エアバスA380」であろう。私はこの飛行機を見てから乗りたくて堪らなくなり、実はそのためだけに成田からシンガポールまで搭乗した。

シンガポール航空の機材で羽田発着はA330とA320だけだから、A380に乗りたければ成田空港に行くしかない。都心から離れている成田にまで行くのは躊躇《ためら》いもあったが、これもこの飛行機に乗るためだから仕方がない。

巨人機のキャビンはマーライオン母子にも超余裕

全日空も導入したこの「エアバスA380」は、最大で800人以上を乗せることができる巨人機である。B747ジャンボ機は機体前部だけが2階建てだったが、この飛行機は胴体全体が総2階建て（ダブル・デッキ）構造だ。

エンジン4発で重さ560トンの機体を推進し、2人のパイロットが操縦する。大きさは全長約73メートル、全幅約79メートル、全高約24メートルと、B747と大きさにそれほど違いはない。実際、成田空港のラウンジから、搭乗する機体を見た。さすがに総2階建てだけあって、胴体の太さはずいぶん違うものの、不思議なことにあまり大きさを感じないのだ。

Ｂ７４７の２階席の場合、エンジンから最も遠い位置にあるのでじつに静かだった。Ａ３８０にもそれを期待して、私は２階のビジネスクラス席を予約した。

まず座席の幅が広い。近くに母子連れが座っていたが、食事時になると子供を自分の席に呼び寄せ、２人で一緒に座って食事をしていた。それくらい幅の余裕は歴然として違う。就寝時はフルフラットになるから実に快適なのである。

他方、エミレーツ航空（ＵＡＥ）のＡ３８０のファースト・クラスは、全席ほぼ個室仕様で、シャワーもついている。これも一度でいいから乗ってみたいと思うのだが、そのためには成田とドバイを往復しなければならない。もちろん値段もそれなりだろうから、そう簡単に夢は叶わない。

今回は往復ともＡ３８０に乗ったのだが、期待通り、実に静かであった。離陸滑走しているときのスピード感はまるでない。地表から距離のある二階席だからかもしれないが、こんな程度の速度でいいのだろうかなどと思ってしまうほどだ。まさに見た目どおりの貫禄である。大きくて重い機体だから、飛行中の揺れはさほどではなく、その乗り心地もジャンボジェットと同程度に思われた。

エアバス社の操縦桿

エアバス社の旅客機で特徴的なのは、パイロットが握る操縦桿が、旧来から旅客機のイメージにある操縦ホイール（舵輪）とは大きく異なり、戦闘機と同じような操縦スティックが肘掛け脇のコンソールボックスから突き立った、「サイド・スティック方式」である。

飛行機は古来、操縦桿と各舵が軸索で直接つながっていた。機体が大きくなれば、それだけ力を加えなければならなかったが、さらに大型化し高速になると、人力を補助して舵面を動かすための油圧装置を付けなければならなかった。ところがいまや、操縦桿と舵面は軸索でつながっていない。すべてその途中にコンピューターが介在しているのだ。

パイロットが操縦桿にわずかに力を加えると、その力加減をコンピューターが感知して電気信号に変える。そして電線や光ファイバーケーブルを通して、各舵を動かすサーボモーターに作動量の指示を与えるようになっている。これを「フライ・バイ・ワイヤ方式」と呼んでいる。

これによってその飛行機の形状から来る空力的なクセをコンピューターが自動的に

打ち消してくれるので、操縦にコツがいらない。パイロットの負担はこれでずいぶん軽減された。いまやパイロットは離着陸の際にのみ操縦桿に触れるだけで、巡航中などはコンピューターによる自動操縦なのである。

だから、旅客機の黎明期に登場した操縦士たちのように、一生懸命人力で軸索を引っ張っていた時代の人たちが知ったら、きっと「なにをやってるんだ！」などと言い出すかもしれないだろう。それこそ、「風を感じていたい」のと一緒で、「操縦桿を引いたときに反応が少し遅れるくらいがいいんだ」、などと言い出すに違いないのだ。

しかし、「安定した飛行」という観点からいえば、そんな個人技に頼るようなものは、商用機には向かない。いまやパイロットの絶対数が足りないのだから、養成が容易なように操縦を易しくするのはビジネスなら当然の選択ではないだろうか。

旅客機は無人化する？

これからどれほど技術が進んでも、さすがに「無人旅客機」はないだろう、という意見があるが、私はあながちそうとも言い切れないと思うのだ。近距離だったら、大いにあり得るのではないだろうか。それこそ〝格安無人機航空会社〟など登場するかもしれない。

いまやドローンは軍用の世界にはどんどん進出している。米軍の「RQ‐1プレデター」などという無人機は、操縦士は戦場から遠く離れた安全な室内にいて、ドローンから送られてくる画像をテレビモニターで見ながら操縦している。GPS（全地球測位システム）があれば、高度や飛行経路をあらかじめ指示してさえおけば、そのデータに従って自動的に飛んで行けるのだ。

このような趨勢を見れば、旅客機の未来の姿も、当然無人機の方向へと進化することになるだろう。でも私にとってそれは、もはや飛行機ではない。単なる運搬機械にすぎない。それが仮に技術的にピラミッドの頂点にあるものだとしても、私はそれを飛行機とは思いたくもない。

飛行船の見果てぬ夢

いずれ現れるかもしれない「高効率」の無人旅客機とは対極にあるのが、飛行船だろう。

旅客機が進化する一方で、巨大な飛行船は特異な存在感を示しながら空に浮かび続

アンリ・ルソー"石坂"と飛行船のある風景

けてきた。飛行船という航空機は、いわゆる「風を感じていたい」という気持ち、それそのものを目指したのだと、ものの本に書いてあったが、飛行船には展望室が必須である。所有する者も乗る者も、飛行船を単なる移動手段として捉えてはならない。あらゆる余裕があってこそ成立する乗り物なのだ。

だから、日本もバブル時代に飛行船会社をつくる話があった。なにせ沖合遠くまで飛んで海面まで高度を下げて釣りをするのだというのだから、いかにもあの時代らしい剛毅な話だが、飛行船が似合う場所はこれも南の島だと、私は思うのだ。

カレドニアからずっと転々とつながっている島々を、フワフワと飛び、あるいはオーストラリアのグレート・バリアリーフ上空に浮かぶ飛行船——。

いずれもずいぶんステキな情景だと思うのだ。

さて日本の飛行船会社だが、景気の低迷とともに暗礁に乗り上げてしまった。飛行船フライトの感想を体験者に聞いたら、「意外に静か。気流の波を乗り越えるという感じで快適でした」と驚いていた。もし飛行船会社が復活することがあれば、次こそぜひ乗ってみたいものである。

あとがき

あとがきにかえて

他愛のない長々とした無駄話、どうも自分が読み返してみると、この本はそんな印象です。だからこそ、ここまでお読みいただいた方々に心から感謝の気持ちをお伝えしたいと思います。

さて、「やすらぎの郷」の収録が総て終わって1ヶ月が経とうとしています。私は主役の「菊村栄」を演じ切れていなかったと思えてならないことがどうしてもあります。

ひとつは老いることに自分には甘く、他人にはきびしく観察してしまうのが菊村だと思うのですが、その表現が今ひとつ足りなかったのではないだろうかということ。もうひとつは、他人の死にショックを受け、我が身の行く末を案じるものの、僅かな時間の経過でまたまた楽観的な場所を探して、そこへしっかりと身を委ねて何気なく日々を送る、そうした人間らしい部分を持つ菊村を、私は演じられてはいなかったのではないかと思えるのです。

役者は脚本に描かれたストーリーに沿って演じます。その裏に秘められたメッセージに気付いていても気付かなくても、表面的にはその演技に変化はないのかも知れません。

しかし、気付かないままストーリーをなぞっていくと、そのうち自分の中で何かが破綻してしまうのです。

特に今回の作品では倉本さんは裏の裏にまでも色んな思いを込められていたと思います。そこの所を私は本当に読み取れていたのだろうかと反省しきりなのです。

役者を早くやめたいものだと私はこの本のなかで書きました。しかし演じ終えた今は、「まだまだな役者」のままでは終わりたくないと、実は悟ったところなのです。

終わりになってしまったのですが、総ての飛行機をアッタカーく描いてしまう、昔からファンであった下田信夫さんが素晴らしい絵を描いて下さいました。

とても嬉しかったです。ありがとうございました。

平成29年盛夏

石坂浩二

第一部一～三　構成・国分　敦（報知新聞社特別編集委員）
第二部　　　　構成・竹縄　昌

石坂浩二（いしざか・こうじ）

1941年、東京生まれ。慶應義塾大学法学部卒業後、劇団四季の演出部に入団。67年に俳優業一本となり、以後NHKの大河ドラマ「天と地と」など3作で主演を務めた。2017年4月から昼帯で放送のドラマ「やすらぎの郷」は高視聴率をマーク。飛行機プラモデルが趣味で、「ろうがんず」という同好会を主宰。

翔《と》ぶ夢《ゆめ》、生《い》きる力《ちから》　俳優《はいゆう》・石坂浩二自伝《いしざかこうじじでん》

2017年9月7日　第1版第1刷
2017年10月22日　第1版第3刷

著　者　石坂浩二
発行者　後藤高志
発行所　株式会社 廣済堂出版
〒101-0052 東京都千代田区神田小川町 2-3-13
M&C ビル 7F
電話 03-6703-0964（編集）　電話 03-6703-0962（営業）
FAX　03-6703-0963（販売）
振替　00180-0-164137
http://www.kosaido-pub.co.jp

印刷所
製本所　株式会社 廣済堂
DTP　株式会社 三協美術

JASRAC 出 1708442-703

ISBN978-4-331-52119-9　C0095